Über dieses Buch

Ahmad von Denffer, in der muslimischen Szene Deutschlands wie auch international bekannt geworden als Autor und Übersetzer zahlreicher Schriften zum Thema Islam, erzählt im vorliegenden Buch von seiner ersten Reise nach Mekka zur Wallfahrt im Jahr 1971. Anders als heutzutage hatte sich bis dahin noch kaum ein deutscher Muslim auf diesen Weg zum „Haus des Herrn" gemacht. Die schönste seiner Erfahrungen dabei war es, zu erleben, daß jedes Dasein, daß jeder einzelne Mensch in dieser Welt, seinen Sinn hat.

AF221284

Der Autor

war nach dem Studium von Islam- und Völkerkunde Wissenschaftlicher Mitarbeiter an der Islamic Foundation in Leicester und Herausgeber des Nachrichtendienstes „Focus on Christian-Muslim Relations", später Deutschsprachiger Referent des Islamischen Zentrums München und Herausgeber der Zeitschrift „Al-Islam", auch Projektleiter sowie langjähriger Vorsitzender von „Muslime helfen".

Die Reise
zum Haus des Herrn

Meine erste Mekkafahrt

Ahmad von Denffer

Bibliografische Information
der Deutschen Nationalbibliothek:
Die Deutsche Nationalbibliothek verzeichnet diese
Publikation in der Deutschen Nationalbibliografie;
detaillierte bibliografische Daten sind im Internet über
http://dnb.dnb.de abrufbar.

Herstellung und Verlag: BoD - Books on Demand,
Norderstedt

ISBN: 9783753472614

Al-hadsch, die Wallfahrt

*„Al-hadsch, die Wallfahrt" - sich unmittelbar Gott zu-
wenden und sich vollständig beherrschen. "*
(Aus meinen Aufzeichnungen)

Schlafen, Einschlafen. Monoton das gedämpfte
Surren der Turbinen, das leichte Vibrieren des
Flugzeugs. Noch ein Blick aus dem Fenster, bevor
ich die Rückenlehne des Sitzes in die Schräge bringe,
versuche, die Beine unter dem Vordersitz auszustrecken, die Augen schließe. Sonnenuntergang.
Ein Feuerball sinkt langsam in das weiche, dunkle
Tuch der Wolken, über denen der Himmel noch
gelb und orange leuchtet. Dunkelrote, strahlende
Lichtstreifen dringen durch die Kabinenfenster
auf der linken Seite. Rechter Hand schwimmt im

schon schwarzgrauen Himmel eine frostig-rosige Kugel. Oder ist es ein in dunkler Nacht hervorbrechender Lavastrom, unten vielleicht Italien, ein Vulkan? Nein - das muß der Mond sein. Stetig bewegt sich das Flugzeug nach Norden. Die Luft draußen ist Eis, und zwischen draußen und drinnen nur eine dünne Haut aus Metall. Schlafen, wie ein neugeborenes Kind, das, wenn es sich satt getrunken hat, ganz zufrieden ist, das wirklich nichts mehr braucht und deshalb einschläft. Erschöpft, beruhigt. Ergeben, versorgt, getragen. Eine Reise geht zu Ende, die Reise zum Haus des Herrn, meine erste Mekkafahrt...

In Singapur

Im späten Sommer war ich nach Singapur gekommen und nutzte diese Zeit auch dazu, mich besser mit dem Islam vertraut zu machen. Dabei lernte ich von Menschen und aus Büchern. Vieles, sehr vieles, war neu für mich, unverständlich, widersprüchlich, herausfordernd, anregend, in Frage stellend. Manches wurde beantwortet und gelöst, anderes blieb stehen, konnte oder mußte einfach stehenbleiben. Nicht alles war sofort lösbar. Aus einem Koran erlernte ich, ungelenk wie ich war, mühsam das Nachzeichnen der arabischen Schrift.

Mit Hilfe der Übersetzung versuchte ich den Inhalt dieser Worte zu verstehen. Ich las verschiedene Broschüren, die mir in die Hände fielen. In einer kleinen muslimischen Buchhandlung, „The Pyramide Bookshop", im dritten Stock der „Arcade" nahe dem Clifford Pier, erwarb ich „mischkatu-l-masabih" in englischer Übersetzung, die umfangreiche, wohlgeordnete Sammlung von Aussprüchen des Propheten Muhammad (s) - vier Bände für 51 ringgit und 20 sen (51.20 Singapur-Dollar). Diese Lektüre ermöglichte mir bald ein viel weitreichenderes Verständnis der islamischen Lebensweise. Achmed, Jaffar und Simah Abdullah sprachen mit mir über den Koran, Maulana Babu Sahib versuchte, so gut das mit mir möglich war, meine Fragen nach dem Geisterglauben der Malaien durch Hinweise auf den Zusammenhang von Geist und Materie zu beantworten und mir die Vorstellung von der Präexistenz des Lichtes des Propheten vor der Erschaffung der Welt zu erhellen...

Am 1. November begann zudem der islamische Fastenmonat Ramadan. In dieser Zeit wurde nicht nur gefastet, sondern auch die Gebete, das Koranlesen und die Gespräche über religiöse Dinge mehrten sich. Immer häufiger kam dabei die Rede auf die Wallfahrt, zu der aufzubrechen man sich nun entschließen müßte, wenn man in diesem Jahr nach Mekka fahren wollte. Ich wollte, und mein Wunsch danach war bald so eindeutig, daß ich mit ganz konkreten Vorbereitungen begann. Zunächst ging es mir um ein klares Bild von den Örtlichkeiten und dem eigentlichen Ablauf der Wallfahrt. Vom „hadsch" hatte ich schon viel gehört, vor und auch während meines Aufenthaltes in Singapur. Aber immer waren es recht allgemeine Dinge gewesen, über die Wichtigkeit der Wallfahrt im Leben des Muslims, das besondere Erlebnis derjenigen, die diese fünfte der „Säulen des Islam" erfüllt hatten, ihr Ansehen als „Haadsch", als zurückgekehrte Wallfahrer, die nun zeitlebens ein weißes Käppchen statt des üblichen schwarzen malaiischen „songkok" auf dem Kopfe trugen...

Aber das alles war mir nicht genug, und so begann ich, mir meinen eigenen „Fahrplan" zu notieren, nach dem, wie ich es mir vorstellte, die Wallfahrt abläuft. Ich fragte, und ich las. Von der Kaaba, dem alten Tempel in Mekka, fertigte ich mir einen Grundriß an, trug die Maße der Seitenwände (33 x 50 bzw. 44 x 50 englische Fuß) und die Entfernungen zur Quelle Zamzam und zur „Stätte Abrahams" mit ein, machte mir eine grobe Skizze der übrigen Orte der Wallfahrt mit den vier Gegenden von Mekka, Mina, Musdalifa und

Arafat und fertigte mir eine Übersichtstafel an, auf der Tag für Tag eingetragen war, was während der Wallfahrt zu welcher Zeit und an welchem Ort geschieht:

„Tag: Beliebig; Zeit: Beliebig; Ort: Miqat (Grenze) - ihram (Pilgergewand) anlegen...

Tag: 9; Zeit: Nach Suboh (Morgengebet), Ort: Mina - Nach Arafat begeben, „Wuquf" verrichten, bis Sonnenuntergang bleiben..."

In ein Merkbuch trug ich mir weitere Einzelheiten ein: *„Al-Hadsch, die Wallfahrt" - sich unmittelbar Gott zuwenden und sich vollständig beherrschen...",* schrieb ich mir nieder. Jeden Abschnitt der Wallfahrt verzeichnete ich, vermerkte die notwendigen Verrichtungen, schrieb mir mühsam in krakeliger arabischer Schrift die verschiedenen Bittgebete auf, die Umschrift und auch die Bedeutung. Weiter notierte ich mir noch das Wichtigste über die übrigen „Säulen des Islam" - Reinigung und Gebet, Zakat und Fasten, dazu noch manche Bittgebete für besondere Gelegenheiten. Mein eigenes, selbst erarbeitetes und deshalb verstandenes und mir vertrautes Gebetsbüchlein entstand. Dies alles beschäftigte mich tagelang und wochenlang, doch al-hamdu li-llah - Gott sei gelobt - erwarb ich mir so eine gewisse Kenntnis und Vertrautheit mit der Wallfahrt, der Moschee in Mekka, den Örtlichkeiten der Umgebung. So war ich, als ich später wirklich nach Mekka kam, im Geiste schon längst dort gewesen, mit den notwendigen Wegstrecken und Verrichtungen gut vertraut, am Ende sogar viel besser als mancher Wallfahrer, den ich anfangs zu Rate gezogen hatte. Dies kam schließlich nicht nur mir allein zugute, sondern hat sogar anderen Menschen um mich herum geholfen. Mekka war mir nicht mehr wirklich fremd, als ich dort ankam. Vielmehr bewegte ich mich dort in einem, wenn auch völlig neuen, so dennoch irgendwie schon vertrauten Umfeld.

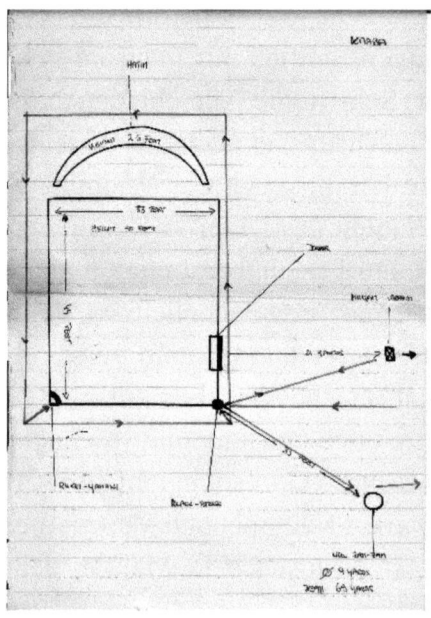

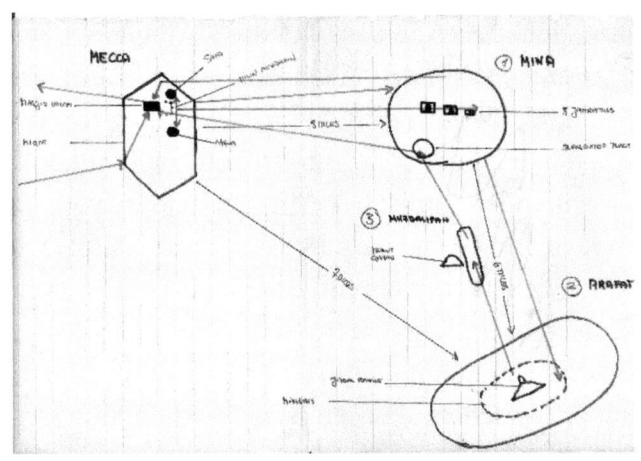

Praktische Vorbereitungen

Auch das Erledigen bestimmter Formalitäten nahm geraume Zeit in Anspruch. Vor allem war das Visum zu beschaffen. Zu diesem Zweck besuchte ich das Saudi-Arabische Konsulat, besorgte mir die Antragsformulare, füllte sie aus und machte mich dann daran, die noch notwendigen Schritte zu unternehmen. Zur Erteilung des Visums mußte das Flugticket vorgelegt werden. Dieses würde ich durch den „Pilgerführer" erhalten, mit dessen Gruppe ich reisen wollte. Dann waren Impfungen erforderlich, Pockenschutz hatte ich, aber notwendig war auch Vorsorge gegen Cholera.

Dazu gehörte es, einen weiteren Arzt mit Labor aufzusuchen, um den Nachweis zu erbringen, daß ich keine Cholera einschleppen würde. Der Termin, den ich bekam, lag am frühen Nachmittag. In der brütenden tropischen Mittagshitze war ich unterwegs, im Ramadan. Ich fastete, und islamisches Fasten bedeutet, während des Tageslichtes nichts zu essen und nichts zu trinken. Aber das alles gehörte zu den unumgänglichen Vorbereitungen, die sich allein schon über ein paar Wochen hinzogen. Es waren, wenn auch vielleicht langwierige, so doch völlig übliche Formalitäten. Der saudische Konsularbeamte in Singapur, ein junger und freundlich wirkender Mann, ließ es sich aber nicht nehmen, mich bei meinem letzten Besuch im Konsulat in sein eigenes Büro zu führen und mir nach einer kurzen Unterhaltung persönlich mein Visum zu übergeben. Mit der Nr. 721/90 versehen, war es ausgestellt am 15. Dezember 1970 (16.10.1390 islamischen Datums) für die „Zeit der hadsch des Jahres 90". Ein wichtiger Abschnitt der Vorbereitungen zu meiner ersten Mekkafahrt war abgeschlossen, al-hamdu li-llah.

Ebenso wichtig wie die Vorbereitung auf die Wallfahrt und die Erledigung der notwendigen Formalitäten war aber auch das Beschaffen der praktischen Ausrüstung. Ein paar Kleinigkeiten hatte ich schon erhalten, als ich mich zur Durchführung der Wallfahrt bei einem „Pilgerführer" in Singapur anmeldete, bei dem ich auch später mein Flugticket abholte. Er lebte in einem der alten niedrigen Häuser im „Jalan Pisang", dem Bananen-Weg, einer Seitenstraße der „Arab Street", nicht weit von der Sultan-Moschee, wo ich öfter am Freitagsgebet teilnahm. Als örtlicher Repräsentant eines „Pilgerführers" in Mekka stellte er die Reisegruppe von Singapur aus zusammen, organisierte die Plätze im Flugzeug und war insgesamt für die Reise bis nach Saudi-Arabien zuständig. Wie die übrigen Mitreisenden bekam ich eine kleine Reisetasche zum Verstauen der notwendigsten Habseligkeiten, einen 5 Liter fassenden Plastik-Kanister für Trinkwasser, mit dem man aber auch das Wasser aus der heiligen Quelle Zamzam mit nach Hause nehmen würde, und einen „tasbih", eine rosenkranzähnliche Gebetskette, die von vielen Muslimen zum Aufsagen bestimmter Worte des Lobes Gottes verwendet wird. Dieser „tasbih" war allein schon von der Farbzusammenstellung her einfach schön. Er hatte eine grüne Quaste und bestand aus 99 Perlen, schwarz, jeweils 33 durch zwei rote Perlen und ein Trennstück abgesetzt.

Gebetsketten aus Singapur und Mekka

Ein Gebetsbüchlein erhielt ich nicht, wohl weil man davon ausging, daß ich es doch nicht würde lesen können. Mich sorgte das kaum, denn ich hatte mir doch längst meine eigenen Notizen zusammengestellt und fühlte mich insofern bestens vorbereitet und auf nichts Anderes angewiesen.

Als wichtigster Bestandteil der Ausrüstung aber galt der „ihram", die beiden weißen Tücher, die der Pilger während der Wallfahrt in Mekka statt der alltäglichen Kleidung trägt. Das eine Tuch wird, ähnlich wie ein malaiischer „sarong", über die Hüften geschlungen, um den Unterleib vom

Nabel bis wenigstens zu den Knien zu bedecken. Das andere Tuch, über den Schultern getragen, schützt den Oberkörper. Solche Tücher, aus weisser Baumwolle gewebt, und - wichtig für den „ihram" - undurchsichtig und ungesäumt, gab es in vielen der Stoffwarenläden in der Nähe der Sultan-Moschee zu kaufen. Während die Größe einheitlich war, nämlich etwa 1m x 2m, gab es doch Unterschiede beim Material. Ich kam, ohne recht darauf geachtet zu haben, zu zwei Tüchern bester Qualität aus dickem und dichtgewebtem Stoff, bei dem auch kaum zu befürchten war, daß er vielleicht zerreißen würde.

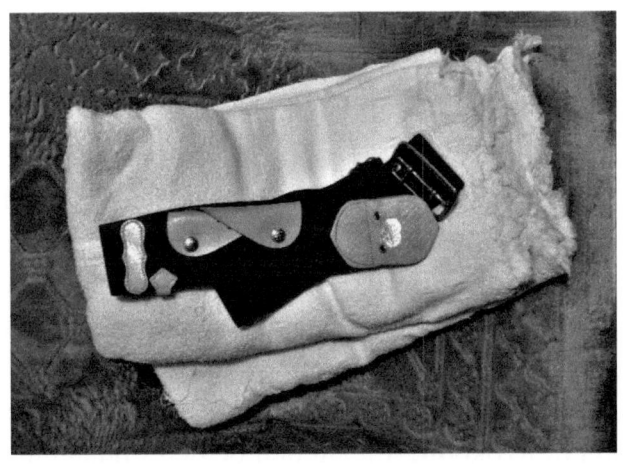

Ihram-Tücher und Gürtel

Zu meiner Ausstattung gehörte schließlich auch noch ein Gürtel, der das Hüfttuch befestigen helfen und außer dem zum Aufbewahren des Geldes dienen sollte. Solche Gürtel trugen in Singapur viele Männer über dem traditionellen „sarong". Meiner war wie die üblichen mit doppeldornigem Verschluß, aus einem sehr festen enggewebten grünen Stoff, über fünf Zentimeter breit, mit gelben Lederaufsätzen, unter denen sich zwei kleine mit Druckknöpfen verschließbare Taschen verbargen. Dort und in einer dritten im Gürtel eingenähten Tasche mit Reißverschluß konnte man, wenn man nicht allzu viel Geld besaß, seine ganze Barschaft verstauen. Das Interessanteste an diesem Gürtel aber war von außen gar nicht zu sehen. Auf der Innenseite war nämlich ein Stoffetikett aufgenäht, das den Hersteller nannte: „V.S.S.M. Eusoff & Sons, Made in Singapore (letzteres auch auf Arabisch: sun'u Sinqafurah)", sowie als Hinweis auf die Qualität die Wörter „The Strongest". Und zum Beweis dafür, daß es sich bei diesem Gürtel wirklich um „den Stärksten" handelte, zeigte das Etikett auch noch ein Bild: Unter einem Halbmond mit Stern und einer Palme einen Elefanten und ein Krokodil, die an den beiden Enden eines solchen Gürtels zerrten, ohne daß er zerriß...

Mit diesem Gürtel würde ich also zweifellos wohlgerüstet sein. Beruhigt packte ich das alles in die kleine Reisetasche.

Zwischenlandung in Bombay

Die Sonne war längst untergegangen. Nach vielen Stunden Flug machten wir am späten Abend eine Zwischenlandung in Bombay. Das ergab trotz der erschlagenden Hitze eine willkommene Gelegenheit, sich zu bewegen, die Beine zu vertreten. Wir verließen das Flugzeug und wurden in die Transithalle geleitet. Alle Mitreisenden waren Mekkapilger, und alle waren Malaien, entweder aus Singapur oder aus dem benachbarten West- und Ost-Malaysia. Ich war der einzige Nicht-

Malaie, ein „orang putih - weißer Mensch", doch fiel das zunächst in der großen Schar der Passagiere gar nicht auf. Nur meine unmittelbaren Nachbarn auf den Plätzen im Flugzeug konnten nicht umhin, das zu bemerken.

Manche der Mekkafahrer hatten noch während des Fluges vom Kapitän die Richtung nach Mekka erfragt und dann jeweils zu zweit nebeneinander auf dem engen Raum vor dem Ausstieg das Abendgebet verrichtet. Dann änderte die Maschine offensichtlich den Kurs und schwenkte ab. Unsicherheit entstand. Andere, auch ich, zogen es vor, während der Zwischenlandung in Bombay das Abendgebet mit dem Nachtgebet zu verbinden, wie es den Reisenden ja gestattet ist. Mit großer Verwunderung nahm ich zur Kenntnis, daß es in der ganzen Transithalle des Flugplatzes keinen sauberen Platz für das Gebet gab. Schließlich schloß ich mich einer Gruppe an, die Zeitungen auf den Boden gelegt hatte, um wenigstens so die direkte Berührung mit dem verschmutzten Boden zu vermeiden. Der auffälligste Teil des muslimischen Gebets ist ja die Niederwerfung, das Berühren des Bodens mit dem Gesicht zum Zeichen der Anerkennung Gottes als dem einzigen wahren und höchsten Herrn.

In der Transithalle dann eine Menschentraube. Ein Mädchen hatte einen Schwächeanfall erlitten und war zu Boden gesunken. Kein Wunder bei all der Aufregung und Spannung, die mit dem Aufbruch zur Wallfahrt verbunden ist, dazu die Anstrengung der Reise und die Hitze in Bombay. Es war eine Tochter unseres Gruppenleiters, der uns von Singapur nach Dschidda führte und mit Frau und Töchtern unterwegs war. Alle standen da und gafften. Die Eltern wirkten ebenfalls hilflos. Niemand schien in der Lage, niemand willens, etwas zu tun, das helfen würde. Ich war erstaunt, betroffen, ja verärgert. Natürlich wußte auch ich nicht, was dem Mädchen fehlte. Aber ebenfalls nur hinschauen, oder sogar einfach weitergehen, das konnte ich nicht. Irgendwie folgte ich ganz einfach dem gesunden Menschenverstand, brachte wohl die Leute dazu, Platz zu machen, damit die Luft nicht noch stickiger würde, ließ ein Tuch mit Wasser anfeuchten, mit dem der Vater der Tochter den Kopf kühlen konnte. Das brachte Bewegung in die Sache, und Gott sei Dank, nach kurzer Zeit, kam das Mädchen wieder zu sich, setzte sich auf, und ging dann bald davon, gestützt von ihrer Mutter, und es war alles wieder gut. Nur war es jetzt vorbei mit meiner „splendid isolation". Der Ohnmachtsanfall einer Mitreisenden war das Gespräch, und die Herumstehenden hatten natürlich auch mein Eingreifen gesehen. Nun sprach es sich recht rasch herum: Im Flugzeug war ein „orang putih", der mit nach Mekka fuhr...

Nahe mir im Flugzeug, das uns Pilger nach Arabien brachte, saß ein älterer, hagerer Mann. Er verhielt sich sehr freundlich, aber wir konnten uns kaum verständigen. Immerhin wurde mir klar, daß er wohl Imam in einer muslimischen Gemeinde war. Viele der mitreisenden Wallfahrer kamen zu ihm, fragten ihn um Rat und ließen sich dies oder jenes von ihm erklären. Er gab bereitwillig Auskunft und half auch, zu klären, wie man im Flugzeug betet, wenn die genaue „qibla", die Gebetsrichtung nach Mekka, nicht klar erkennbar ist.

Mir schenkte er kurz vor der Landung in Dschidda, wo wir uns trennen würden, ein kleines Büchlein, in dem all die Bittgebete verzeichnet sind, die der Wallfahrer zu den verschiedenen Gelegenheiten während seiner Wallfahrt spricht. Es ist ein einfaches kleines Ding, aber ich habe mich immer darüber gefreut, wenn ich es später wieder einmal zur Hand nahm. Möge Allah es ihm recht vergelten.

Dschidda

Samstag, 23. Januar 1971. Unsere Maschine landete kurz nach drei Uhr morgens in Dschidda, und in der Kabine entstand nun ein ziemliches Durcheinander. Alle waren begeistert und außer sich: Wir waren angekommen im Hedschas, al-hamdu li-llah - Gott sei gelobt! Nun war es nicht mehr weit bis Mekka, dem Ziel unserer Reise, dem Ziel unserer Wallfahrt, die ja in gewissem Sinn den Höhepunkt unseres islamischen Lebens darstellte.

Wir waren angekommen, und jeder wollte nun so schnell wie möglich die Kabine verlassen, in der wir seit Stunden eingepfercht gesessen hatten. Alle standen auf, griffen nach ihren Gepäckstücken, nahmen sie aus den Gepäckablagen über sich, zogen sie unter den Sitzen hervor. Ehe ich recht begriffen hatte, war auch ich schon im Strom der schiebenden und drückenden Menge, vorbei am Kabinenpersonal, durch den Ausgang, die Stufen hinunter und auf dem Asphalt des Flugplatzes in einer langen Schlange von Pilgern, die auf ihre Einreisestempel warteten.

Der Anfang dieser Reihe ist nicht sichtbar. Nur hin und wieder wird etwas vorgerückt. Die Luft ist warm. Es dämmert langsam. Ab und zu streicht eine Brise über das Flugfeld. Nicht weit entfernt landen immer neue Maschinen, und immer mehr Menschen schließen sich der Reihe an. Neben uns eine andere Reihe, die ebenso schrittweise vorrückt wie wir. Pilger in dicker Kleidung, offenbar aus einem kühleren Land, die Frauen in schwarze Umhänge gehüllt. Ein Pilgerführer mit weißem Turban. Ich frage ihn, woher sie kommen. Aus dem Iran, verstehe ich. Dann schließlich bin ich an der Reihe, stehe vor einem kleinen Schalter, lege meinen Reisepaß vor. Mein Visum ist in Ordnung. Der Paß wird gestempelt „als Wallfahrer eingereist, 26.11.1390", der Name des „mutawwif", des Pilgerführers, eingetragen, der für mich verantwortlich sein wird: Darwisch, Muhammad Ibrahim Aschur. Dazu kommt noch der Vermerk „Muslim aus Deutschland". Dann eine Quittung ausgestellt über die Entrichtung der „Gebühren für das Jahr 1389, einmal hadsch", also auf einem alten Formular aus dem vergangenen Jahr. Die Abfertigung, auch anschließend durch den Zoll, erfolgte freundlich und schnell. Seltsam, daß es dann insgesamt doch stundenlang gedauert hatte. Es war nun schon hell geworden und Zeit für das Morgengebet. Draußen wurden die Reisenden von den Beauftragten der Pilgerführer in Empfang genommen. Darwisch war selbst erschienen, ein freundlicher, großer, hagerer Mann in den Dreißigern mit buschigem Schnauzbart. Ganz unerwartet brachte er den mitreisenden älteren Lehrer Anis mit seiner über 80-jährigen Mutter und mich zum Ausruhen in seine Stadtwohnung in Dschidda. Dort haben wir gebetet und dann ein paar Stunden geschlafen, bevor wir am späten Vormittag das letzte Stück der Fahrt nach Mekka antreten sollten.

Nach Mekka

Ihram: Erreicht man eine der fünf „miqat", der Begrenzungen des „Haram" (Stadt Mekka und bestimmte außenliegende Gebiete), nimmt man den „ihram" (Weihezustand) an: 1) „ghusl"- Duschbad 2) Bedecken mit zwei ungenähten Tüchern 3) besondere, „leichte" Schuhe 4) freiwilliges Gebet (nafl) mit zwei rak'at (Abschnitten) 5) „nijja", die Absicht a) ifrat - nur hadsch b) qiran - hadsch und 'umra 6) Aufsagen des „labbaik" (Ruf des Mekkafahrers)...

Erlaubt im Zustand des ihram: 1) Bad nehmen 2) Öffentliches Bad aufsuchen 3) Schatten aufsuchen 4) Gürtel binden.

Nicht erlaubt: 1) Geschlechtliche Betätigung und davon Reden 2) Sünden begehen 3) Streiten 4) Jagen 5) genähte Kleidung 6) Kopfbedeckung 7) Parfüm 8) Haare rasieren oder schneiden 9) Läuse töten oder entfernen...

Ihram ist ein Zeichen des Ausübens der Gleichheit im Islam...

Die „nijja" (Absicht)...

„O Allah! Ich will hadsch, die Wallfahrt, machen und 'umra, den Besuch. Mache beides leicht für mich und nimm beides von mir an!"

„Ich habe die Absicht für hadsch und 'umra gefaßt und zu beiden den ihram angenommen, allein um Allahs des Erhabenen willen."

(Aus meinen Aufzeichnungen)

Ich bin aufgewacht. Durch die Spalten eines zugezogenen dicken Vorhangs dringt blendendes Licht. Es ist heiß. Ein Blick auf die Uhr - bald Mittag. Darwisch zeigt mir das Badezimmer, empfiehlt mir, mich jetzt von Kopf bis Fuß mit Wasser aus einem Behälter an der Wand zu begießen. Das wird nicht nur erfrischen, sondern gehört auch zum Anlegen des „ihram", des Pilgergewandes der beiden weißen Tücher. Aber das Wasser ist fast ebenso warm wie die Luft...

Ich beeile mich, möchte niemanden auf mich warten lassen, schlage mir das eine Tuch um den Unterleib, befestige es mit meinem grünen Gürtel, den weder Elefant noch Krokodil zerreißen, und bedecke mit dem anderen Tuch den Oberkörper. Der Kopf hat frei zu bleiben. An den Füßen trage ich Sandalen. Die übrige Wäsche, Hemd und Hose packe ich in meine Reisetasche und gehe dann nach unten und aus dem Haus. Darwisch ist schon bereit. Er trägt mir noch etwas von einem schweren Parfüm auf, dessen Duft noch lange haften bleibt. Jetzt kommt auch Anis im „ihram". Seine alte Mutter trägt, wie alle Frauen auf der Wallfahrt, die übliche islamische, den Körper ganz bedeckende Kleidung, dazu den malaiischen „telekong", einen weißen Überwurf, der nur noch das Gesicht freiläßt. So kleiden sich die malaiischen

Frauen sonst nur zum Gebet. Die Wallfahrt kann beginnen.

Bevor sich nun jeder von uns noch einmal die „nijja", die Absicht zur Wallfahrt bewußt macht, wird ein Gebet verrichtet. Wir tun das im Freien, vor dem Haus. Zweimal spreche ich die Eröffnungssure aus dem Koran, verneige mich, berühre mit der Stirn den Boden: „Preis Dir, meinem höchsten Herrn!" Dann spreche ich die Absicht zur Wallfahrt aus. In meinem Merkbuch steht sie geschrieben: „allahumma inni uridu-l-hadscha... O Allah, ich will die Wallfahrt machen... und den Besuch, mache beides leicht für mich und nimm beides von mir an. Ich fasse die Absicht zur Wallfahrt und zum Besuch, und habe dazu den ihram angelegt, allein um Gottes des Erhabenen willen." Dann spricht uns Darwisch die Worte vor: „Labbaik allahumma labbaik...", den Ruf des Mekkafahrers: „Hier bin ich, o Allah, hier bin ich, hier bin ich, Du hast keinen Mitgott, hier bin ich, alles Lob und alle Huld sind Dein und die Herrschaft, Du hast keinen Mitgott." Die Wallfahrt hat begonnen...

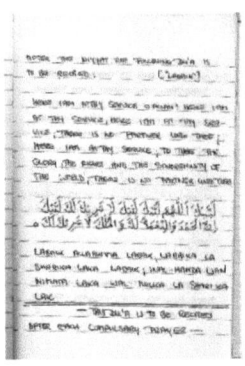

Wir besteigen das bereitstehende Auto, Darwisch am Steuer, Anis und seine Mutter auf dem Rücksitz, ich als Beifahrer vorn. Nicht lange, und wir haben die letzten Häuser von Dschidda hinter uns gelassen und fahren auf der Straße nach Mekka. Rund 70 Kilometer sollen es sein. Die Fenster sind geöffnet. Die Luft ist heiß, der Fahrtwind zerrt am Kopfhaar und am Pilgertuch und kühlt nur wenig. Die Augen kneife ich zusammen. Noch immer blendet mich das grelle Licht der Sonne. Bald bedecke ich auch den aus dem Fenster gelehnten Unterarm, den sie bestrahlt, mit dem weißen Stoff. Darwisch erinnert uns wieder daran, die „talbijja" zu sprechen: „labbaik allahumma labbaik... - Hier bin ich, o Allah, hier bin ich..."

Wir erreichen die „Grenze" des heiligen Bezirks um Mekka, den kein Nichtmuslim betreten darf.

Eine einfache Straßensperre. Die Kontrolle ist kurz und unkompliziert. Die Pässe werden vorgezeigt, die Stempel vom Flughafen geprüft, dann kann es schon weiter gehen. Mekka rückt näher und näher. Alles, was ich sehe, nehme ich mit einem Gefühl der inneren Zufriedenheit auf. Die Landschaft rechts und links der Straße, Felsen, Wüste, teils steinig, teils Sand. Nur hier und da ein trockener Strauch, gleißende Sonne, fast weißer Himmel, wabernde Hitze, endlose Weite, menschenleer. Das war das Land, in dem Muhammad (s) gelebt hatte, Allahs Gesandter. Hier war die Offenbarung Gottes zu ihm gekommen. Mekka rückt näher und näher. Und dann sind wir da. Die Straße führt plötzlich hinab in das Tal, von hohen Felsenbergen eingeschlossen. Jetzt rechts und links Häuser, Straßenläden, Menschen, Leben. Ich bin in Mekka - labbaik allahumma labbaik...

In Mekka. Damit hatte sich auch eine gewisse Vorahnung erfüllt. Fünf Jahre zuvor war ich dem Islam zum ersten Male direkt begegnet, auf einer Reise in die Türkei mit einem kurzen Abstecher bis nach Haleb, Aleppo, in Syrien, und manchmal, wenn ich, zurückgekehrt, im Kreise von Freunden oder Schulkameraden davon erzählte, sagte ich auch: „Und irgendwann einmal werde ich noch nach Mekka fahren..."

Eine konkrete Vorstellung, wie das sein würde, hatte ich damals nicht. Ich wußte wohl, daß der Besuch von Mekka den „Ungläubigen" verboten war, und daß ich selbst Muslim werden sollte, war mir damals noch nicht wichtig gewesen. Mir war nur beeindruckend und ansprechend erschienen, wie ich den Islam auf meiner Reise erlebt, und was ich im Zusammenhang damit gelesen hatte. Ich empfand auch ganz eindeutig eine gewisse Affinität und sogar Zustimmung. Islam war gut - für die Muslime auf jeden Fall. Die ethnozentrische Weltsicht war mir von jeher fremd gewesen, vielleicht weil ich als Flüchtlingskind „in der Fremde" aufgewachsen war, das von der „Heimat" sprechen hörte, weit, sehr weit weg und jedenfalls woanders. Wieso sollten alle Menschen so denken, leben, handeln müssen wie wir Abendländer, Deutschen? Der Islam war etwas Eigenes, und für sich gesehen sinnvoll, wertvoll, bedeutsam, schon recht für die, die nach ihm lebten, und obwohl ich so den Islam in Gesprächen und in der Schule im Referat für den Religionsunterricht vertreten konnte, habe ich mich zu dieser Zeit doch nicht persönlich damit identifiziert. Mein mir natürliches, gegebenes Umfeld bildete die Umgebung, in der ich aufgewachsen war und ja noch aufwuchs, so, wie für die Menschen im islamischen Raum der Islam ihr Umfeld bildete. Ich war offen für den Islam, aber die Zeit, ihn aufzunehmen, war für mich noch nicht gekommen. Dennoch sah ich mich in Mekka, in orientalischem Gewand, mit tuchbedecktem Kopf, und so eindrücklich muß ich davon gesprochen haben, daß noch Jahre später ein flüchtiger Bekannter sich überrascht daran erinnerte und mich darauf hin ansprach, als er hörte, ich sei Muslim geworden: „Du hast doch damals gesagt: ‚Irgendwann einmal werde ich noch nach Mekka fahren'…"

Die Kaaba

Tawaf: Es gibt vier Arten von Umschreitungen (der Kaaba): 1) tawafu-l-qudum - t. der Ankunft 2) tawafu-z-zijara - t. des Besuchs 3) tawafu-l-wida - t. des Abschieds 4) sonstiger tawaf, den man so oft es geht verrichtet.

Tawafu-l-qudum: Nach wudsu (Waschung) begibt man sich zur masdschidu-l-haram (der Heiligen Moschee), und beim ersten Erblicken der Kaaba spricht man „takbir" und „kalima": „allahu akbar" (Gott ist größer), „la ilaha illa llah" (Es gibt keinen Gott außer Allah).

1) wudsu 2) Gegenüber der Kaaba stehen, wo sich der Schwarze Stein befindet, den Schwarzen Stein zur Rechten, dann die nijja für tawaf sprechen: „O Allah, ich will die Umschreitung Deines Heiligen Hauses verrichten. Mache es leicht für mich und nimm es von mir an!"

Dann steht man gegenüber dem Schwarzen Stein, hebt die Hände und sagt: „Im Namen Allahs und Preis sei Allah und Allah ist größer und Heil und Frieden auf dem Gesandten Allahs."

Dann begibt man sich zum Schwarzen Stein, küßt ihn und spricht: „O Allah, vergib mir meine Sünden und reinige mir mein Herz und öffne mir meine Brust und erleichtere mir meine Sache und bewahre mich mit denen, die Du bewahrst." Kann man den Schwarzen Stein nicht küssen... dann berühre ihn mit der Hand und küsse die Hand oder mit einem Stock und küsse den Stock oder stehe davor und sprich die Worte.

Jetzt wende dich nach rechts zur Tür, mache „iztibaha" (nimm das Tuch von der rechten Schulter, führe es unter der rechten Achsel hindurch und lege es zum tawaf über die linke Schulter) und sprich: „O Allah, im Glauben an Dich und im Fürwahrhalten Deiner Schrift und in Erfüllung Deines Bundes und in Befolgung des Vorbildes Deines Propheten Muhammad, Heil und Frieden Allahs des Erhabenen auf ihm, und ich bezeuge, daß es keinen Gott gibt außer Allah, Er ist einzig, es gibt keinen, der an Ihm teilhat, und ich bezeuge, daß Muhammad Sein Knecht und Sein

Gesandter ist. Ich glaube an Allah und ich leugne die Götzen und die falschen Götter"... Vollziehe die ersten drei Runden mit „ramal" (schnelles Gehen mit Schulterbewegungen, aufrecht) und die übrigen vier mit normalem Gang und sprich die Bittgebete beim tawaf. Zum Abschluß bitte um Segen nahe der Kaaba-Tür. Dann begib dich zum „maqam Ibrahim" (Abrahams Stelle, ein langer, breiter Stein vor der Geh-Fläche um die Kaaba und bete zwei rak'at (Abschnitte) „sunnatut-tawaf" zum Abschluß der sieben Umrundungen...

„Zur Zeit Abrahams führten die Menschen ein Nomadenleben, sie hatten keine Ansiedlung, wo sie ein Gebetshaus errichteten, sondern sie pflegten einen besonderen Stein aufzurichten, um dort eine „hadsch" (Wallfahrt) zu verrichten."

„Der Stein wurde als das am besten geeignete Material gewählt, um einen Ort zu kennzeichnen, an dem ein Prophet Gottes Offenbarung empfangen hatte und wo er Eide ablegte oder seinem Schöpfer Versprechen gab. So wurde der Stein zu einem heiligen Denkmal, um das Gedenken an das heilige Ereignis zu bewahren. Nicht nur die Festigkeit und Beständigkeit machten den Stein zu diesem Zweck am besten geeignet, sondern seine Schlichtheit, Billigkeit, Wertlosigkeit in einer einsamen Umgebung würden gegen Diebstahl oder Zerstörung schützen... Nicht bloß der Stein, sondern der Ort selbst und der Kreis, in dem er liegt, gelten als

heilig. Deshalb wird „hadsch" um das Gebäude herum verrichtet, an dem der Heilige Stein angebracht ist."

„Baitu llah" ist das „Haus Allahs", die Kaaba. Es bildet das Zentrum der „masdschidu-l-haram". Es wurde zuerst vom Propheten Ibrahim erbaut und seither mehrmals wiedererrichtet. Wegen Mangel an Baumaterial wurde der Teil „hatim" ausgelassen. „Hatim" ist jetzt eine halbkreisförmige Mauer vor der Nordseite der Kaaba, etwa 2,5 Fuß hoch. Deshalb ist die Form der Kaaba jetzt eckig. Die östliche Mauer neigt zur linken Seite, wo durch Erklimmen von ein paar Stufen eine Tür betreten werden könnte. Drei Pfeiler stützen das Dach. Jedes Jahr am 10. Dsu-l-hidscha werden die vier Wände der Kaaba zum Schmuck mit neuen Tüchern bedeckt (kiswah). In Sure 2,124 wird der Bund mit Ibrahim genannt, an den die Kaaba erinnert, ebenso die Errichtung der Kaaba. Die muslimische Tradition besagt, daß Abraham die Kaaba an der Stelle erbaute, wo Adam nach dem ersten Bund einen „Gedenkstein" errichtete. Es ist jedenfalls eine Tatsache, daß die Kaaba die älteste Anbetungsstätte ist, die heute in Gebrauch ist."

„Der „maqam Ibrahim" ist ein Stein, den Abraham benutzte, als er die Wände der Kaaba erbaute, er benutzte ihn auch als Kanzel, um seine Ansprachen zu halten. Muhammad hat ihn dorthin platziert, wo er sich jetzt befindet, an der Seite des Kreises um die

Kaaba. Er ist etwa 10 Spannen lang und 7 Spannen breit und 21 Yard von der Kaaba entfernt. "

„ O Allah! Ich will „tawaf, das Umschreiten" Deines Heiligen Hauses verrichten. Mache es leicht für mich und nimm es von mir an!"

(Aus meinen Aufzeichnungen)

Ein alter Mann in schwarzem Umhang führte uns zur Moschee. Das war am Nachmittag. Die Hitze des Tages war noch nicht gewichen, aber die Rast in einem schattigen Raum hatte gutgetan. Die kurze Wegstrecke führte unmittelbar durch eine Marktstraße. Dann ragten die Minarette der Heiligen Moschee in den Himmel. Zwischen den beiden Hügeln Safa und Marwa erstreckte sich die wohl 400 Meter lange Wandelhalle. Wir mußten den Strom der Pilger durchqueren, die zwischen diesen beiden Hügeln hin und her eilten. Dann durch den Eingang „Babu-s-salam, Tor des Friedens" in die eigentliche Moschee, und vor mir sah ich, zum ersten Mal in meinem Leben, die Kaaba, das Haus des Herrn - „allahu akbar, Gott ist größer." Ein gänzlich eigenartiger Anblick, nicht hektisch erregend, sondern zutiefst beeindruckend und so, als hätte ich ihn schon immer vor mir gesehen. Es gibt keinen anderen damit vergleichbaren Anblick auf der Erde. Ich habe ihn in mich hineingetrunken, aufgesogen. Ist nicht das Aufsaugen, das in sich Hineintrinken auch das, was das Neugeborene tut und nur tun kann, und was es überhaupt am Leben erhält? Schon beim ersten Anblick gab da in mir ja das erste, das ursprüngliche Verhalten - die „fitrah" - die Antwort. Eine Komposition aus Formen und Farben lag vor mir, die fast unwirklich schien. Aber da war es. Ich war angekommen. Dort, vor mir, war die Kaaba. Sie stand nicht, sie ruhte. Ein würfelförmiges Gebäude, so steht es in der Literatur. Aber das stimmte nicht. Die Seite, die ich direkt ansah, war länger als die sich daran anschließende. Nicht wirklich hoch, und doch nicht niedrig. Nicht erschlagend durch ihre Größe, und doch nicht unscheinbar. Majestätisch. Schwarz die „kiswa", die Stoffbedeckung, golden die Stickereien darauf, Worte aus dem Heiligen Koran, in leichtem Blau der Himmel darüber, blendend und gleißend im Licht der Sonne die hellen Marmorplatten am Boden ringsum, die Säulen, die Kuppeln, das kleine Minarett im Hintergrund, weiß und schwarz die Gewänder der Menschen rundherum, silbern die Beschläge der hölzernen Tür und silbern die Lampen auf der halbhohen Rundmauer, golden und gläsern davor der „maqam Ibrahim", Abrahams Stätte, weiß daneben das kleine steinerne Schattendach und die steile Treppe der marmornen Predigtkanzel, rötlich-gelb der kieselbedeckte Boden im Hofe davor... im sanfteren Licht der langsam sinkenden Sonne des Nachmittags, in der langsam weichenden Hitze, in der dann und wann aufkommenden leichten Brise, die durch den Moscheehof strich und den schwarzen Umhang der Kaaba behutsam bewegte wie ein Segel, in das der Wind will und dann doch ermattet davon abläßt, es zu spannen...

Ich war angekommen. Dort stand das Haus des Herrn, das steinerne Monument, das Abraham errichtet hatte, um daran zu erinnern, daß Gott der Herr der Menschen ist... und hier stand ich... nach langer, langer Reise, nach großen Irrungen und Umwegen, nach vielen Erlebnissen, traurigen wie freudigen, und manchen Erfahrungen, schlechten wie guten, hier stand ich, zum ersten Mal in meinem Leben. Eine neue Zeit begann.

Der alte Mann im schwarzen Umhang geht voran und weist den Weg zum Schwarzen Stein. Dort wird der „tawaf" begonnen, das Umschreiten des Heiligen Hauses. Er spricht mir viele Worte vor, ich spreche manches nach:.... „rabbana atina fi-d-dunja hassanatan, unser Herr, gib uns im Diesseits Gutes - wa fi-l-achirati hassanatan, und im Jenseits Gutes - wa qina adsaba-n-nar, und schütze uns vor der Strafe des Feuers…" Ein Bittgebet aus dem Koran. Sieben Mal umschreiten wir das Haus. Dann trinken wir Wasser aus der Quelle Zamzam, die bei der Kaaba entspringt.

Der Lauf

„Nach Ankunft auf dem Hügel „Safa" (Safa und Marwa sind zwei Hügel in Mekka nahe der Kaaba), sage: „Ich beginne, womit Allah begann. Safa und Marwa sind Allahs Zeichen, und wer hadsch zum Hause macht oder ''umra, auf dem ist keine Sünde, wenn er zwischen ihnen einhergeht, und wer von sich aus Gutes tut, Allah dankt es, weiß es." Dann hebe die Hände und sage drei Mal „allahu akbar" und „la i-laha illa llah wa llahu akbar wa li-llahi-l-hamd" (Es gibt keinen Gott außer Allah, und Allah ist größer, und das Lob ist Allahs). Jetzt fasse die folgende Absicht: „O Allah, ich will den Lauf zwischen Safa und Marwa verrichten, mache ihn leicht für mich und nimm ihn von mir an." Dann gehe zum Berg Marwa und sprich unterwegs Bittgebete. Wenn du „milin achdarin" erreichst (eine Stelle, durch zwei grüne Markierungen gekennzeichnet... 112 Yards Entfernung) laufe schnell von der ersten zur zweiten grünen Markierung und sage das folgende Bittgebet: „Mein Herr, vergib und sei barmherzig, und übergehe, was Du weißt, und Du weißt, was wir nicht wissen, Du bist der Mächtigste, der Erhabenste. O Allah, mache es zu einer Wallfahrt, die angenommen und einem Lauf, der gedankt wird und zur Vergebung der Sünde."

Auf Marwa angekommen, bete um Segen. Das beendet die erste Runde. Dann gehe zurück nach Safa auf gleiche Weise, sprich Bittgebete, achte auf die Regel für „milin achdarin" und vollende die zweite Runde

auf Safa, wo du wieder um Segen betest. Verrichte sie-
ben Runden auf die vorgeschriebene Weise. Nach dem
siebten Gebet um Segen (auf Marwa) ist „sa'i, der
Lauf" beendet. "

(Aus meinen Aufzeichnungen)

Der Lauf zwischen den Hügeln Safa und Marwa

Wir kommen zum Hügel Safa. Er ist fast bis zur
Spitze mit Platten belegt. Nur ganz oben bricht
noch das Urgestein durch. Von dort reicht der
Blick durch die menschenübersäte hohe Wandelhalle hinüber nach Marwa. Rechter Hand ein dichter Menschenstrom unterwegs dorthin, linker
Hand ein ebenso dichter Menschenstrom auf dem
Weg zurück. In der Mitte werden Gehbehinderte
auf Rollstühlen geschoben. Auch ich beginne den

siebenmaligen Lauf von Safa nach Marwa mit „Bismi-llah, allahu akbar, im Namen Gottes, Gott ist größer." Dort, wo grüne Streifen an der Wand und zwei grüne Neonlichter die Senke des Tales markieren, bewege ich mich im Laufschritt, und auf Marwa endet schließlich die siebte Runde über die knapp 400 Meter weite Wegstrecke. Zum Abschluß lasse ich mir ein paar Haarbüschel abschneiden. Damit ist der Besuch, die „ʿumra", vollzogen, al-hamdu li-llah.

Das Quartier

Der Weg zurück war leicht zu finden. Vom Hügel Marwa aus, wo ich die „ʿumra" beendet und ein paar Haare gelassen hatte, ging es über die Straße in den überdachten Suq, den Markt. Nach etwa 200 Metern links eine Gasse, an der Ecke Schuhe zu kaufen, und ein paar Schritte weiter der Eingang zu meinem Quartier. Es lag glücklicherweise im Stadtteil „al-mudʿa babu-salam", also ganz in der Nähe der großen Moschee und deren Eingang „Tor des Friedens".

Ein altes mekkanisches Haus, dreistöckig, aus graubraunem Stein, ähnlich wie ein Fachwerkbau. Zwischen den aufgeschichteten flachen Steinen etwa jeden Meter ein Holz. Die Fenster, ohne Glas, mit hölzernen Läden verschlossen, und leicht verzierte alte Balkonvorbauten, „maschrabi- jja", ebenfalls aus Holz, durch deren Gitterwerk man den Blick auf die Gasse werfen konnte, ohne von draußen gesehen zu werden. Nur wenig heißes Sonnenlicht durchdrang diese Holzgitter, und eine Fülle kleiner Lichterpunkte erhellte tagsüber den schattigen halbdunklen Innenraum. Bloß wenig gedämpft aber drangen alle Laute der Gasse ins Zimmer.

Das Quartier

Im ersten Stock, erreichbar über eine schmale Treppe, wurde ich untergebracht, genauer gesagt bekam ich meinen Schlafplatz. Das Zimmer, völlig unmöbliert, teilten sich neun Personen, von denen jede eine Schlafmatte auf dem Boden und etwa eine Handbreit Abstand auf beiden Seiten für sich hatte. Von der Decke hing ein Kabel, daran eine Fassung und eine Birne. An der einen Längswand die Tür, an der anderen der Holzbalkon zur Gasse hin. Ich bekam einen Platz an der schmalen Wand nahe dem Balkon. Gegenüber der Tür hinter einem Holzverschlag der Waschraum. Darin in der Ecke am Boden ein kleines Loch - die Toilette, an der Wand gegenüber ein großer, gemauerter Wasserbehälter. Mit diesem Wasser reinigte man sich, und wenn genug vorhanden war, konnte man sogar ein Duschbad nehmen, indem man sich auf den Boden hockte und Wasser mit einer ausgedienten Konservendose über sich goß. Jeden Vormittag schleppte ein kleiner alter gebeugter Jemenite im Hüfttuch und mit großem, bunten Turban auf einem Schulterjoch zwei Kübel Wasser herbei. Wasserleitungen gab es noch nicht. Zwischen Schlafraum und Waschraum führte die Treppe zur oberen Etage. Dort waren andere Wallfahrer untergebracht, auch Anis und seine alte Mutter, und es sah genauso aus wie bei uns.

Doch man trug das alles mit Fassung, und auch über manch andere Unannehmlichkeiten wurde ebenso hinweggesehen. Man konnte ja ohnehin nichts ändern. Das Klima war heiß und trocken. Überfüllt war es überall, selbst auf den Straßen, die kaum vorhandenen öffentlichen Toiletten überbeansprucht und schlecht sauber zu halten. Wer wie die Malaien Wasser nur im Überfluß kennt und sich täglich mehr als einmal duscht, mußte hier den Wassermangel als besonders unangenehm verspüren, und 15 Grad bei Nacht war für sie bitterkalt. Bald hatten sie Husten, sicher auch vom trockenen Staub. Die Preise, gerade für Lebensmittel und Getränke, waren hoch, besonders im Vergleich zu den Herkunftsländern der meisten Wallfahrer. All dies sprachen sie auch an, als einmal der Premier des malaisischen Bundesstaates Sarawak in unser Quartier kam, um seine Landsleute aufzusuchen und sich nach ihrem Wohlergehen zu erkundigen. Das empfand ich schon als erstaunlich. Er fragte gezielt nach Mängeln bei der Unterbringung und Versorgung, und ein ihn begleitender Beamter nahm alle Beschwerden und Anregungen auf, um die Wallfahrt in Zukunft besser organisieren zu können. Aber dennoch fühlten sich viele meiner Reisegefährten unwohl, auch oft übervorteilt, und manchmal klagte mir einer: „Ich bin nur zur Wallfahrt hier. Nur deshalb ertrage ich das alles. Nur deshalb schweige ich in Geduld." Und ein anderer fügte hinzu: „Wäre nicht die Kaaba hier, ich würde niemals hierher kommen." Und so, wie sie sich vielleicht jahrelang darauf gefreut hatten, diese Reise zu unternehmen, so freuten sie sich schon jetzt auf den Tag, an dem sie „inscha llah, wenn Gott will," wieder zu Hause sein würden. Aber bis dahin wollten sie das alles als Prüfungen Gottes auf sich nehmen, die ja auch zur Wallfahrt gehören und die zu ertragen Gott sicher lohnt.

Die Stadt

Mekka, der alte Halteplatz an der Karawanenroute von Jemen nach Syrien, liegt 227 Meter hoch mitten in einem Talkessel, umgeben von graubraunen, scharfzackigen vegetationslosen Felsenbergen, die wie die Kacheln eines Ofens vor Hitze strahlen. Das Klima ist sehr heiß und sehr trocken. Selbst im Winter mißt man am Tage noch über 30 Grad Celsius. Die Luftfeuchtigkeit liegt etwa zwischen 30 und 10 Prozent. Es regnet kaum, während meiner ersten Wallfahrt fiel kein Tropfen. Die Stadt zählt etwa 300 000 Einwohner, doch zur Zeit des hadsch verdreifacht oder vervierfacht sich diese Zahl.

Das Leben in der Stadt hatte, besonders in diesen Wochen, seinen ganz eigenen Rhythmus, fast wie das Meer von den Gezeiten bewegt. Fünfmal am Tag ereignete sich der Wechsel von Ebbe und Flut. Wenn der Ruf zum Gebet über die Dächer der Stadt erschallte und von den umliegenden Felsenbergen zurückgeworfen wurde, dann verliefen sich bald die Menschen wie das Wasser des Meeres. Aus allen Häusern strömten sie über Gassen, Straßen und Plätze hin durch die Eingänge der großen Moschee. Dort staute sich dann die Flut für eine kurze Weile. Die Stadt war nun ganz ähnlich leer wie das wasserlose Wattenmeer, und wenn das Gebet begonnen hatte, verstummten auch noch die letzten von außerhalb der Moschee vernehmbaren Geräusche. Kein Autohupen mehr, kein Händler, der mit weithin hörbarem Singsang eine Ware anpries - nur noch die über dem Talkessel hin und zurück schwebende Stimme des Vorbeters und dazwischen der mächtige Chor der Betenden, wenn sie das Aufsagen der ersten Sure des Korans mit dem Worte „amin" bekräftigten.

War das Gebet beendet, wallte die Flut wieder zurück und ergoß sich in endlosen Strömen aus allen Toren der Moschee auf die Plätze und über die

Straßen in die Gassen der Stadt. Wie die Lunge eines riesigen Körpers schien die Moschee in der Mitte des Talkessels zu jeder Gebetszeit die Menschen einzuatmen und danach wieder auszuatmen, und auch ich war nichts weiter als ein Stäubchen in diesem Atmen, ein Tröpfchen in dieser Flut.

Mekka hatte sogar seine eigene Zeit, die von Uhren in der Moschee und den Läden abzulesen war. Der neue Tag begann noch ganz nach althergebrachter islamischer Weise mit dem Sonnenuntergang. Dann stellte man die Zeiger auf genau zwölf Uhr. Das Nachtgebet wurde nach dieser Uhrzeit also gegen 1:30 Uhr gebetet, das Morgengebet vielleicht um elf Uhr. An diese sich auch noch täglich wegen des Sonnenuntergangs verändernde Zeitbemessung war es nicht leicht, sich zu gewöhnen, aber letzten Endes auch nicht wirklich erforderlich. Die Zeit vertickte ja nicht mit jedem Sekundenschlag der Uhr. Vielmehr schien sie zu fließen und zu strömen wie die Menschen, und dieses Verfließen und Verströmen wurde nur durch den Ruf zum nächsten Gebet wieder ins Bewußtsein gerückt. Wenn man sich wirklich einmal zu einer festgesetzten Zeit verabredete, dann hieß es beispielsweise: „Wir sehen uns nach dem Nachmittagsgebet - bi idsni llah, mit Gottes Erlaubnis." Das war dann ein eingehaltenes Zusammentreffen, wenn es bis zu der auf das Nachmittagsgebet folgenden nächsten Gebetszeit, - nach mehreren Stunden - doch stattgefunden hatte. Meist aber brauchte es solche präzisen Vereinbarungen gar nicht, weil man sich ja „bukra inscha llah, morgen, wenn Gott will", ganz bestimmt irgendwann, irgendwo begegnen würde.

Ähnlich weitläufig wie die Zeiträume waren auch die Orte, an denen man sich zu treffen vereinbarte. Wenn es hieß: „Wir treffen uns beim Marwa-Tor", dann würde man sich dort irgendwo begegnen, nahezu gleich in welcher Entfernung davon, vielleicht nicht gerade beim fast 500 Meter entfernten Safa-Tor, aber doch an jedem beliebigen Ort bis in dessen Nähe.

So war in Mekka manches ganz anders, als ich es bisher kannte, und sogar Wohlvertrautes änderte sich. Selbst Tag und Nacht vertauschten in dieser Zeit für mich ihre Plätze. Tagsüber schlief ich, die Nächte verbrachte ich im Angesicht der Kaaba in der Heiligen Moschee.

Die Zamzami

In unmittelbarer Nähe der Kaaba entspringt die Quelle Zamzam. Ihr verdankt die Stadt Mekka ihre Existenz. Als Abraham sein Söhnchen Ismail und dessen Mutter auf Gottes Geheiß im Tal von Mekka ansiedelte, war das auch eine Prüfung für sie alle, denn damals floß dort keine Quelle. Nachdem die Vorräte verbraucht waren, begab sich die tapfere Frau, allein mit dem Kind, auf die Suche nach Wasser, erklomm den einen nahegelegenen Hügel, stieg wieder hinab, eilte durch eine Senke zu der anderen Höhe, kehrte wieder zur ersten zurück. Daran erinnern sich die Wallfahrer, wenn sie zwischen den Hügeln Safa und Marwa den siebenmaligen Lauf vollziehen, und sie erinnern sich an die Gnade und Barmherzigkeit Gottes, der die Quelle Zamzam für die Familie Abrahams entspringen ließ und für die Anhänger Abrahams und Ismails bis heute fließen läßt. Wasser ist Leben.

Eingang zum Brunnenraum der Quelle Zamzam

Aus dieser Quelle füllte der „zamzami" seinen irdenen Wasserkrug, den „dauraq", von althergebrachter Form wie die Amphore, doch einhenklig, und bot den Durstigen zu trinken an. Diese Männer, manche von ihnen im arabischen Gewand, dem „thaub" und mit schwarzem Überwurf, andere im jemenitischen Hüfttuch und mit Turban, gingen im Hof der Moschee auf und ab, trugen den Wasserkrug unter dem Arm und klapperten dabei leise mit den zwei oder drei metallenen Trinkschalen in der Hand. Wer Durst hatte und etwas trinken wollte, gab dem „zamzami" ein Zeichen. Der füllte dann eine solche Trinkschale aus dem engen Hals des Kruges. Es war Brauch, ihm dafür eine kleine Münze zu geben, doch schenkte er auch demjenigen ein, der ihm stattdessen nur ein gutes Wort sagte. Man schmeckte die Weichheit des Zamzam-Wassers und seinen langen Weg durch die Tiefen des Gesteins. Auch bei großer Hitze war das Wasser stets angenehm kühl, denn durch den leicht porösen Ton des Kruges drang immer etwas Feuchtigkeit nach außen, wo sie verdunstete und deshalb kühlte. Besonders vor den Gebetszeiten, wenn die Moschee sich langsam füllte und die Menschen auf den Beginn des Gebets warteten, waren viele der „zamzamis" unterwegs. Dann gingen sie gemächlich zwischen den Reihen der auf dem Boden sitzenden Wallfahrer hin und her und verteilten das Zamzam-Wasser. Manchmal griff sich auch ein einfacher Pilger so einen Wasserkrug, von denen viele im Moscheehof auf dem Boden lagen, und übernahm als frommes Werk und zum Nutzen seiner Mitmenschen die tausendjährige alte Rolle des „zamzami", des Mannes, der den Leuten das Zamzam-Wasser um Gottes willen zu trinken gibt.

Mit dem Wasser der Quelle Zamzam befeuchten auch viele der Wallfahrer lange, weiße Stoffbahnen, die sie dann tagsüber zum Trocknen im Hof der Moschee auslegen. Das sind ihre Leichentücher, die sie derart vorbereitet mit nach Hause nehmen, und in die sie eingewickelt werden möchten, wenn sie eines Tages zu Grabe getragen werden. Wasser ist Leben - und Leben heißt auch Tod!

Zamzam-Wasserkrug (dauraq) und Trinkschale

Durch den Suq

Zehn Mal am Tag kam ich durch den Suq, wenn ich zu jedem der fünf täglichen Gebete in die Moschee und wieder zurück zum Quartier ging. Auf dem Weg zum Gebet hielt ich mich nirgendwo auf. Die Läden wurden geschlossen, indem der Händler ein Stück Tuch über die Ware ausbreitete. Dann ging er zur Moschee. Die Türe, falls der Laden überhaupt eine hatte, blieb offen. Vor Diebstahl hatte man hier keine Angst. Ich war ein Teil des Menschenstroms, der sich durch die Straße und die Tore der Moschee zur Kaaba im Innenhof ergoß. Dabei ging ich nach etwa der Hälfte meines Weges dieselbe Strecke, die auch der Prophet Muhammad (s) benutzt haben muß, wenn er vom Hause seiner Frau Khadidscha zur Kaaba ging. Noch heute heißt ein Tor an dieser Seite der Moschee „babu-n-nabi, Tor des Propheten", durch das nun auch ich eintrat.

Beim Rückweg ließ ich mir mehr Zeit. Zuerst mußte ich den nicht abreißenden Strom der zwischen Safa und Marwa hineilenden Wallfahrer durchqueren. Dann trat ich aus einem der Tore der Wandelhalle ins Freie auf eine steinige, staubige kaum asphaltierte Straße voll mit dem Gewirr der Stimmen verschiedenster Völker, Menschen der unterschiedlichsten Gesichtszüge, Farben und Bekleidungen. Mekka ist zweifellos der internationalste, der kosmopolitischste Ort der Erde. Auf der anderen Straßenseite war schon das Sonnendach des Suq zu sehen. Rechter Hand ein freier Platz, wo zahlreiche Händler Tücher auf dem Boden ausgebreitet hatten, besonders nach dem Abend- und dem Nachtgebet. Sie boten alle möglichen Kleinigkeiten zum Verkauf, darunter die von den Malaien und Jemeniten getragenen Hüfttücher und auch die weißen Kappen, die in vielen Ländern als das Kennzeichen des „haadsch", des Mekkafahrers, gelten. Dann ein mehrstöckiges Haus, ein Betonbau mit schmalen Balkonen, der schon ahnen ließ, wie die Altstadt von Mekka bald überall aussehen würde. Hier mündete der leicht ansteigende Weg in die überdachte Marktstraße, den Suq. Auf einer Metallkonstruktion aus Pfosten ruhte ein gewölbtes Wellblechdach als Sonnenschutz. Es war, wie ich später erfuhr, ein Teil des früheren Schattendaches, das den Weg zwischen den Hügeln Safa und Marwa bedeckt hatte, bevor dort die jetzige Wandelhalle gebaut wurde. Diese Überdachung verdeckte auch die oberen Seitenwände der Häuser an der Straße, in denen sich unten lauter Läden befanden.

Gleich links, auf einigen Stufen, saßen Männer vor Tüchern am Boden und verkauften in kleinen

Bündeln „miswak" - die traditionellen Zahnbürsten aus Holz. Von einem solchen Zweig schnitt man ein Stück der äußeren Rinde ab und verwendete das derart offengelegte faserige Innere weichgekaut zur Zahnpflege. Daneben gab es Räucherwerk, Weihrauch „buchur", die passenden Räuchergefäße dazu, in allen Größen, aus Ton oder Metall, dann die traditionelle Augenschminke, „kuhl" und die dazugehörigen Aufbewahrungsbehälter mit den geschraubten Stäbchen, die zum Auftragen der Schminke auf die Lider dienten. Gegenüber strömten schwere Düfte aus Parfümgeschäften, in denen die verschiedensten Wohlgerüche aus großen in kleine Glasflaschen abgefüllt wurden. Da gab es Amber und Moschus, Rose, Sandelholz, Jasmin und viele andere Sorten von Ölen. Auch Mischungen konnte man sich zusammenstellen und in ein Fläschchen füllen lassen, das in die Tasche paßte. Der Parfümgeruch überlagerte hier was sonst im Suq noch alles zu riechen war, von Gewürzen und Früchten bis zu brennender Kohle, dem Duft der „kretek" genannten indonesischen Zigaretten, mit Nelken versetzt, den täglich rauchförmig in dichten Wolken versprühten Insektiziden und den Exkrementen der Lastesel, die sich immer wieder durch die Menschenmenge zwängten.

In dicken Büscheln, fast wie Trauben oder Datteln, hingen in den nächsten Läden dichtgereiht Gebetsketten von der Decke und der Wand herab, mit Perlen aus Holz, aus Glas, aus Kunststoff, in den verschiedensten Größen und Farben. Den ganzen Laden bedeckten sie, von unten bis oben. Ich wählte mir zwei schöne Exemplare aus, die eine Kette mit 33 größeren, die andere mit 99 kleineren bräunlichen glänzenden Perlen, wohl aus Glas. Dann folgten ein paar Schuhgeschäfte, wo es vor allem billige Schlappen ebenso wie die einheimischen Sandalen mit dem Band zwischen großem und zweiten Zeh zu erwerben gab, danach einige Läden mit Lebensmitteln, besonders Obst, aber auch Datteln, Konserven, orientalische Süßigkeiten, Nüsse und Gebäck. Schließlich lag linker Hand die Ecke mit den Schuhgeschäften, an der die Gasse zu meinem Quartier anstieg.

Gegenüber führte eine andere, schmale Gasse durch einen weiteren Teil des Marktes. Dort waren außer Lebensmittelhändlern vor allem Läden mit Stoffen, dazu die weißen Käppchen für den „haadsch", den Mekkapilger, auf vielfältige Weise bestickt, und die Kopftücher der arabischen Männer, meist rot und weiß, mit ihrer schachbrettähnlichen Musterung, die später als die sogenannten „Arafat-Tücher" bei der deutschen Jugend zeitweilig Anklang gefunden haben. Ich erwarb ein paar dieser Käppchen, für mich und als Mitbringsel, dazu eines der rot-weißen Tücher.

Dann folgten die Goldhändler, in deren schmalen verglasten Auslagen hochkarätiger Goldschmuck im Lichte einer Glühbirne funkelte. Scharen von schwarzverhüllten Frauen stauten sich dort. Sie kauften oder verkauften. Manche brachten ein Schmuckstück und lösten es für Bargeld ein. Andere trennten sich von etwas, das ihnen nicht mehr gefiel und erwarben für den Erlös gleich etwas Neues. Der Goldpreis wurde täglich neu bestimmt und der Schmuck nach Gewicht verkauft. So waren die Preise in allen Goldläden gleich. Auch die Armreifen, Ketten und Ringe ähnelten sich. Nur die Menge des Schmucks in der Auslage half, einen offenbar noch reicheren Händler von einem reichen zu unterscheiden.

Ging man hier noch etwas weiter, kam man bald in einen überdachten Teil des Marktes, moderneren Konsumgütern vorbehalten, vor allem Uhren, Radios und Kassettenrekordern, die seinerzeit gerade populär geworden waren. Elektronische Geräte kannte man noch nicht. Hier begann die als „Suq al-lail, Nachtmarkt" bekannte Gegend, wo es außer Geschäften auch viele Gaststätten gab. Sie waren insbesondere am Abend überfüllt. Im Suq

al-lail saßen auch noch die Geldwechsler mit großen Beträgen auf offener Straße und boten ihre
Dienste an. Auf einem langbeinigen Schemel, fast
über den Köpfen der Passanten, hockte der
„sarraf". Mit geschicktem Wurf ließ er ständig einen hohen Stapel Münzen, ähnlich wie beim fal-
lenden Domino, von einer Hand in die andere gleiten. Einer langen Schlange gleich bewegte sich
das Geld zwischen seinen Fingern, und das stän-
dige Klimpern der Münzen verkündete, daß sein
Geschäft geöffnet war. Bei manchen sah man noch
den „Maria-Theresia-Taler" als Silbergeld. Auch
hier waren die Kurse, ähnlich wie bei den Gold-
händlern, im Grunde genommen gleich. Zur Bank
ging man nicht, ich hatte während meines Aufenthaltes in Mekka ein solches Gebäude gar nicht gesehen.

Im Suq al-lail gab es auch Straßenhändler, die
Postkarten und Poster verkauften, auf denen die
Heiligen Stätten zu sehen waren. Die Plastik-Kul-
tur war noch nicht ganz eingezogen, obwohl sich
schon deutliche Anzeichen bemerkbar machten,
doch waren die Kalligrafien auf Holz und Keramik
von denen auf Plastik noch nicht verdrängt. Teppiche, Matten und Kleider, besonders „thaub", das
arabische Männergewand, und die „abaja", der
schwarze Frauenüberwurf, gab es im überdachten

Suq, der sich von der Gasse, die zu meinem Quartier führte, noch über etwa 200 Meter weiter erstreckte, ehe er mit dem „Suq al-lail" zusammenstieß. Hier konnte man auch Koffer und Taschen in allen Variationen erstehen. Die wurden von den Wallfahrern dafür gebraucht, all die Dinge nach Hause mitzunehmen, die sie in Mekka für sich selbst und insbesondere für die Daheimgebliebenen erworben hatten. So versorgten die Märkte und Läden Mekkas nicht nur die Wallfahrer selbst, sondern darüber hinaus auch deren Verwandte, Freunde, Nachbarn und Bekannte...

Kalligrafien als Souvenirs aus Mekka

Die Überprüfung

Im Auto auf der Straße nach Dschidda. Es ist wieder Mittagszeit, wie am Tag meiner Ankunft. Die Fenster sind geöffnet. Der heiße Fahrtwind zerrt am Kopfhaar und der Kleidung. Das grelle Licht der Sonne blendet. Abermals ziehen draußen die braunen Felsenberge vorbei, dazwischen sandige Flächen, ein paar vertrocknete Sträucher. Vor drei Tagen habe ich das alles schon einmal erlebt. Jetzt ist es wie ein zurückgespulter Film. Ich muß zurück nach Dschidda. Mit mir im Taxi sitzt Darwischs älterer Bruder Ibrahim. Er bringt mich zum Gericht. Dorthin bin ich bestellt, zwecks Überprüfung, ob ich ein Muslim bin. Verstanden hatte ich es nicht, als man mir am Vortag erklärte, ich müsse deshalb morgen am Nachmittag in Dschidda vor dem Richter erscheinen. Ich war nun doch schon seit Tagen in Mekka. Die ʻumra, den Besuch des Heiligen Hauses, hatte ich auch vollzogen. Wieso jetzt eine Überprüfung? Ich habe nichts dagegen, sagte ich, aber das sei doch wohl die falsche Zeit. Wenn, dann hätte das alles vor meiner Ankunft in Mekka geschehen müssen. Ibrahim verstand die Sache besser. Ich sei doch ein Muslim aus Deutschland. Das komme hier bestimmt nicht alle Tage vor. Deshalb hätten sich die Beamten am Flughafen wohl meinen Namen notiert, nur brauchte es eben ein paar Tage, bis dann der Fall dem Richter vorgelegt wurde und dieser meine Vorladung angeordnet hatte. Dann habe man noch ausfindig gemacht, bei welchem „mutawwif, Pilgerführer" ich registriert war, und so konnte die Nachricht eben erst gestern eintreffen. Aber im Grunde genommen sei das doch alles völlig normal. Stimmt, denke ich. So wird es gewesen sein, warum auch nicht.

In Dschidda steigen wir auf einer belebten, engen Straße aus. Und nun kommt die nächste Überraschung. Ibrahim setzt mich auf einen Stuhl am Straßenrand, daneben steht ein Mann mit Kamm und Schere. Jetzt bin ich beim Friseur. Wir gehen doch zum Richter, meint Ibrahim, und meine Haare sähen kurz viel besser aus, wo ich ja Europäer sei, und lange Haare bei Europäern riefen ein bestimmtes Bild hervor...

Protest zwecklos, das Haareschneiden war schon längst im Gange. Dabei hatte ich gar kein besonders langes Haar, und nach der 'umra waren ohnehin schon ein paar Büschel gefallen. Mein Kopfhaar war dicht, das stimmt, aber ich hatte in Mekka viele Männer mit wirklich längerem Haar gesehen, als ich es trug. Doch das waren eben Orientalen, keine Europäer...

Zwischendurch besorgte Ibrahim auf der anderen Straßenseite ein leichtes Mittagessen. Mit einem großen gebratenen Fisch in der einen Hand und mir unbekannten grünen Blättern in der anderen kam er zurück. Das teilten wir uns. So gestärkt und mit frisch geschnittenem Haar ging es dann zum Gericht.

Der Richter war ein älterer Mann mit Brille. In traditioneller arabischer Kleidung, auf dem Kopf das arabische Tuch, saß er in einem großen Raum. Dicke Vorhänge dämpften das grelle Sonnenlicht. Es war dunkler und etwas kühler als draußen. Ibrahim und der Richter besprachen sich. Dann kam ich an die Reihe. Ich sollte aufsagen, was ich vom Koran auswendig wußte. Natürlich die erste Sure, al-Fatiha, die ja zu jedem Gebet gebraucht wurde. Auch ein paar andere Zeilen. Ich hatte schon früher die Worte der ersten Offenbarung gelernt, die dem Propheten Muhammad (s) zuteil wurde, und die in der 96. Sure stehen: „iqra bismi rabbika ladsi chalaq... - lies, im Namen deines Herrn, der erschuf...". Dann die Sure 112: „qul huwa llahu ahad... - Sag: Er ist Allah, einzig...". Der Richter sah, daß ich zumindest das Gebet verrichten konnte. Auch dazu und zur Reinigung hatte er noch ein paar Fragen. Schließlich wollte er wissen, was meine Meinung über Jesus sei. Gesandter

Gottes, aber nicht Gott, nicht einer von dreien, wie es ja im Koran zu lesen steht. Das war genug. Zu einer tiefergehenden Erörterung dessen, was mir an den kirchlichen Lehren aufgefallen war, kam es nicht mehr, obwohl doch gerade auch das für meinen Islam Bedeutung hatte. Meine Lösung vom Christentum oder besser mein darüber Hinauswachsen war ja eigentlich gar keine Abkehr, sondern vielmehr eine Hinwendung, eine Heimkehr, eine Erfüllung dessen, was ich schon immer hätte sein sollen. Aus dieser Einsicht heraus habe ich auch später öfter erklärt, daß ich, seit ich ernsthaft bemüht bin als Muslim zu leben, auch ein „besserer Christ" geworden sei. Doch all dies mußte hier unerörtert bleiben. Der Richter blätterte in meinem Paß. Dann öffnete er seinen Füllfederhalter und schrieb etwas hinein. Aus der Schublade zog er ein Siegel und knallte es darunter. Zum Abschluß gab es noch ein kleines Buchgeschenk - auf Englisch - „Muslim's Guide in Belief and Purification", und dann waren wir entlassen. Ibrahim war sichtlich erleichtert. Es war alles gut gegangen. Er kannte mich ja kaum. Wie sollte er wissen, ob ich wirklich etwas vom Islam verstand? Ich war kein Orientale, sondern Europäer. Aber wenigstens hatte er mir einen frischen Haarschnitt verordnet, und das hat bestimmt auch geholfen...

Draußen blickte ich in meinen Paß. Fünf Zeilen in einer kaum lesbaren arabischen Handschrift, datiert, gesiegelt und mit einer unauflösbaren Unterschrift versehen, bestätigten meinen überprüften Islam. Ich durfte zurück nach Mekka. Viele Jahre später gelang es zu entziffern, was da in bestem Amts-Arabisch geschrieben stand: „Da sich des Genannten Güte des Islam vor mir erwiesen hat, erfolgte die diesbezügliche Erklärung, um ihm die Durchführung der religiösen Pflicht der Wallfahrt und des Besuchs der Prophetenmoschee zu ermöglichen. - Das Oberhaupt des Großen Gerichts - 29.11.1390".

Bevor wir nun zurückkehrten, wollte lbrahim noch etwas erledigen. Er brachte mich deshalb zum „mauqif", dem „Warteplatz", von wo die Busse und Taxis nach Mekka fahren. Dort gab es auch zahlreiche Buden und kleine Gaststätten. Er setzte mich in einem solchen Kaffeehaus ab. Hier sollte ich auf ihn warten, es würde nicht lange dauern. Ich nahm auf einer „dsakkah" Platz, einer hohen Bank, fast wie ein Bett, die aus einem einfachen Holzrahmen bestand. Die mehr als meterhohen Beine waren mit ein paar Querstreben stabilisiert. Die Sitz- bzw. Liegefläche war aus groben Stricken geknüpft. Halbwegs bequem ist es darauf nur, wenn man die Beine nach oben zieht und nicht herunterbaumeln läßt. Zwischen diesen Ruhebetten, auf denen die Männer sitzen oder halb liegen, laufen die Jungen von den nahegelegenen Kaffeehäusern umher und bringen kleinste Schälchen mit dem arabischen grünen Kaffee oder heissen, zuckersüßen dicken Tee. Die etwas kühlere Abendluft, in der man dasitzt, tut gut. Eine Katze spielt mit einem Stück Papier, das ein leichter Windstoß vor sich herträgt. Leute nehmen Platz oder stehen auf und gehen. Busse und Taxis kommen an und fahren los. Ich sitze da und schaue dem Treiben zu. Die Sonne geht unter, der Gebetsruf ertönt. Mit anderen Männern mache ich ein paar Schritte zu einem Gebetsplatz. Auf dem Boden liegen Rohrmatten, davor ein niedriges Mäuerchen als Abgrenzung. Das genügt. Hier wird gebetet. Dann kehre ich zu meinem „Hochsitz" zurück und gerate ganz überflüssig in Sorge, ob Ibrahim nicht inzwischen gekommen und ohne mich weggefahren ist, weil er mich nicht gefunden hat...

Noch ein Tee wird gebracht. Die Zeit verstreicht. Von den Kaffeebuden her schimmern die elektrischen Birnen, dazwischen schwarze Dunkelheit. Es ist Nacht geworden. Auch das Nachtgebet verrichte ich hier. Von Ibrahim keine Spur. Ich warte weiter. Ich schaue auf die Uhr. Jetzt ist schon Zehn vorbei. Die Gegend ist fast menschenleer geworden. Nur hier und dort sitzt noch einer beim Kaffee. Wortfetzen von zwei vielleicht streitenden Männern dringen zu mir herüber. Kaum noch ein Auto, das ankommt oder losfährt. Ich bin allein gelassen. Gestalten tauchen aus dem Dunkel auf und wieder darin unter. Gedanken und Erinnerungen. Endlos dehnt sich die Zeit. Erst lange nach Mitternacht kommt Ibrahim, als sei nichts gewesen. Daran, daß ein paar Stunden zu warten nichts ist, war ich noch nicht gewöhnt. Wir wechseln kaum ein Wort, besteigen einen Wagen und kehren nach Mekka zurück. Unheimlich windet sich die Straße im fahlen Licht der Autoscheinwerfer.

Dunklen Schatten gleich ziehen die Felsenberge vorüber. Vielleicht noch 50 Kilometer bis Mekka. Kurz nur der Halt am Kontrollpunkt. Dann endlich im schwarzen Loch der Nacht ein Lichtschimmer, der langsam immer heller wird. Wir fahren durch die menschenleeren Straßen, gehen noch ein Stück zu Fuß bis in die Gasse und zum Quartier. Ich steige über die schlafenden Mitbewohner des Zimmers zu meiner dürftigen Matratze am Boden und lege mich hin. Es dauert lange, sehr lange, bis ich eingeschlafen bin, und ich schlafe schlecht. Tröstlich erlösend dann der Ruf zum Morgengebet. Ein neuer Tag in Mekka.

Die Wasserpfeife

In manchen der Straßenrestaurants steht sie, die „schischa", die riesige Wasserpfeife, so hoch wie der Mann, der davor auf einem Schemel sitzt. Ich hatte das Wasserpfeiferauchen schon einmal in der Türkei probiert. Nun wollte ich es wiederholen. Inmitten der heißen Tagesluft, zwischen Brathähnchen, die an einem Spieß über Holzkohle brutzelten, und Stapeln von Holzkisten mit leeren Getränkeflaschen nehme ich Platz unter einer schattenspendenden Plane. Dort sitzen schon einige andere Männer vor Wasserpfeifen. Mehrere unbenutzte Wasserpfeifen stehen in der Nähe. Eine davon wird mir gebracht. Mit ihrem dicken fast birnenförmigen metallenen Wasserbauch ruht sie auf dem Boden. Ein dicker, mit bunten Stofffäden umwundener, schlangenartiger Schlauch hängt an einem Haken des langen Halses, der fast bis in meine Nasenhöhe hinaufreicht. Das riesige Mundstück am Ende des Schlauches ragt selbst dann noch aus der Faust, wenn man es mit der Hand umschließt. Daran befestigt bunte Stoffstreifen, wozu ist mir nicht klar. Dienen sie bloß zur Verschönerung, oder wischt man damit etwa von Zeit zu Zeit das Mundstück ab? Inzwischen wird auch der Pfeifenkopf gebracht, aus Ton, wie ein kleiner Blumentopf, darin eine glühende Holzkohle, darauf ein Stück gepreßten Tabaks, und als das Ganze auf dem langen Hals der Pfeife steckt, beginnt die Arbeit - nicht das Vergnügen.

Es gilt, das Mundstück an den Lippen, kräftigst zu ziehen. Zunächst passiert dann gar nichts. Erst nach mehreren Anstrengungen beginnt das Wasser im Bauch der Pfeife zu blubbern. Gut, nun bin ich wenigstens halb so weit wie die anderen Männer, die hier ebenfalls Wasserpfeife rauchen. Auch bei ihren Pfeifen blubbert das Wasser jedes Mal, wenn sie am Mundstück saugen. Aber dann stoßen sie aus den Nasenlöchern in kräftigen Strömen zwei graue Wolken von Rauch. Geruhsam warten sie ein wenig, lassen es wieder blubbern, und der Tabak in den Pfeifenköpfen erglüht. Bei mir ist das anders. Es blubbert wohl, aber es kommt kein Rauch, denn inzwischen ist mir die Holzkohle fast verlöscht. Aufmerksam geworden bringt der Mann mit nachsichtigen Blicken noch einmal Glut aus einem Kohlebecken, das bei dem Haufen der übrigen Wasserpfeifen am Boden steht. Erneut ziehe ich kräftig am Mundstück gegen den Widerstand des Wassers im Pfeifenbauch, und erneut blubbert es. Nicht nachlassen, nicht hektisch werden. Ruhig und regelmäßig ziehen. Dann endlich spüre ich ein wenig Rauch durch das Mundstück aufsteigen. Ich setze das Mundstück ab und paffe den Rauch durch den Mund wieder aus. Offenbar ein Fehler, denn danach kommt kein Rauch mehr. Nun kämpfe ich wieder um die Glut. Hoffentlich geht sie mir nicht zum zweiten Mal aus. Ich ziehe so bedächtig es geht. Die anderen Männer blasen den Rauch durch die Nase. Vielleicht ist das besser, als das Mundstück abzusetzen. Dann aus dem Schlauch wieder etwas Rauch. Ich versuche, ihn durch die Nase zu blasen. Ein mickriger Hauch tritt hervor. Nicht aufgeben. Es blubbert, es raucht, die Glut im Pfeifenkopf ist noch nicht verlöscht. Ich ziehe weiter am Mundstück, dreimal, viermal. Der Widerstand in der Pfeife ist groß. Man muß kräftig ziehen, es strengt bald an. Aber jetzt kommt mehr Rauch, und er ist weich und gekühlt, vom Wasser im Pfeifenbauch. Noch einmal durch die Nase ausblasen. Es geht schon besser, auch wenn es bei mir noch immer keine solchen Wolken wie bei den anderen Rauchern sind - und auch nicht werden sollen. Denn irgendwie ist der Tabak im Pfeifenkopf jetzt doch wieder ausgegangen, und auch die Holzkohle glüht nicht mehr. Ich höre besser auf...

So toll hat es nun doch nicht geschmeckt. Was ist schon Wasserpfeiferauchen? denke ich. Es blubbert, man muß ständig ziehen, und trotzdem geht das Feuer aus. Ein bißchen Rauch steigt einem in die Nase, nun ja. Das war's dann. Ich denke, darauf kann ich auch verzichten.

Einkaufen

Die Läden im Suq sind voll von Waren, so voll, wie man es sich hierzulande nicht vorstellen kann. Deshalb steht auch der Verkäufer oft vor dem Laden auf der Straße, statt im Laden selbst. Jede freie Fläche ist mit Ware ausgelegt, überall ist sie aufgestapelt, an jeder Wand, und sogar von den Decken, wo immer nur eine Möglichkeit besteht, hängt etwas herab. Ich brauchte ein arabisches Gewand, ein „thaub", wie es die Männer dort trugen, und das man in Unkenntnis seiner Vorzüge in Europa oft als Nachthemd verspottet. So ging ich zum anderen Ende des Suq, wo die Teppich- und Tuchhändler waren. Dort erwarb ich neben einer roten und einer grünen Gebetsmatte auch zwei kleine Teppiche, übrigens wie fast alle dort angebotenen aus Belgien importiert. Ich wählte zwei seltene Exemplare, die sich dadurch auszeichneten, daß sie statt bunter Bilder von Moscheen feine, orientalisch anmutende Muster auf dunkelrotem Grund aufwiesen.

Das Einkaufen ist hier ganz anders als im Supermarkt, wo das Sortiment dem Kunden, der seinen Einkaufswagen vor sich herschiebt, zur freien Auswahl überlassen ist. In diesen Läden, selbst den allerkleinsten, ist der Kunde wirklich noch König und wird bedient. Wenn man nicht schon gesagt hat, was man zu kaufen wünscht, wird der Verkäufer es einem vorschlagen: „Haadsch, schauen Sie, schöne Gewänder, das schönste für Sie...", und dann wird dem mit dem Ehrennamen des Mekkafahrers Angeredeten das Entsprechende - oder was ihm nach der Vorstellung des Verkäufers wenigstens nahe kommt - vorgelegt, in zweifacher, dreifacher, vierfacher Ausführung. Mit

sicherem Griff zieht der Verkäufer ein zusammen-
gefaltetes „thaub" aus einem Stapel, dann noch ein
weiteres, klopft ein paar Mal mit der Hand darauf
oder geht mit einem Staubwedel darüber, damit
der Staub nicht zu sehr stört, und wirft dann mit
gekonntem Schwung dem Kunden die Gewänder
vor. Nun kann man prüfen, begutachten, wählen.
Schon fliegen zwei oder drei weitere Gewänder
von irgendwo aus dem Laden dazu. Inzwischen
hat ein kleiner Junge Tee gebracht, ein Schemel
wird herangezogen, und nun sitzt man inmitten
des mit Gewändern vollgestapelten Ladens beim
Tee...

Ich habe ein dunkelgrünes Gewand ausgewählt,
also wird nach dem Preis des grauen gefragt und
Erstaunen darüber geäußert, wie hoch er ist. Dann
ein niedriges Gegenangebot gemacht, das natürlich der Verkäufer so nicht akzeptieren kann. Deshalb schlägt er jetzt das helle Gewand zu einem
besseren Preis vor. Ich biete nun für das grüne einen Preis, der noch darunter liegt, und der schließlich angenommen wird. Obwohl er immer noch
überhöht sein dürfte, kommt mich das Gewand
nicht teuer zu stehen und entspricht meinem Ge-
schmack. Und weil der Verkäufer nun sein Geschäft gemacht hat, gibt es als Draufgabe kosten-
los eines der kleinen weißen Käppchen, und

natürlich einen herzlichen Glückwunsch: „Allahs Segen zu diesem guten Kauf!", und dann die Frage, ob ich nicht noch ein weiteres Gewand erwerben möchte, es gäbe noch viele andere im Laden, hier zum Beispiel eins in Dunkelblau, oder dieses aus festerem Stoff...

Aber mir genügt zunächst das eine Gewand. Aufwendig wird es in Papier gewickelt, mit einer Schnur verschnürt und dann fast wie ein Geschenk übergeben. Das Bezahlen am Schluß erscheint im Vergleich zu dem ganzen Vorgang des Kaufens geringfügig, fast zufällig. Diese Leute können verkaufen, zweifellos. Sie leben vom Handel, seit Menschengedenken. Und dennoch zeigen sie durchaus keinen Unmut, wenn man, nachdem sie alles Erdenkliche hervorgekramt haben, in ihrem Laden doch nicht das gefunden hat, wonach man eigentlich suchte, und geben bereitwillig Auskunft, wo man es dann vielleicht noch einmal versucht. Sie wissen, jedem hat Allah bemessen, was ihm zukommen soll, und keiner bekommt, was ihm nicht zusteht.

Abendessen

Ein helles Licht aus einer Lampe, begleitet vom leisen Zischen des verbrennenden Kerosins, wirft lange dunkle Schatten auf den Boden, wenn der junge Mann mit seinen Sachen hantiert. Diese Lampe steht auf einem kleinen Holzkarren, der sich jeden Abend auf einem freien Platz nahe dem Suq al-lail einfindet. Außer der Lampe gibt es auf dem Wägelchen noch eine Kochstelle, darüber eine große Pfanne. Daneben ein großer Stapel Hühnereier. Hinter diesem fahrbaren Kleinrestaurant sieht man im Licht der Lampe ein hageres dunkles Gesicht, eingerahmt von einem Turbantuch und einem schmalen Bart. Dann greift eine Hand nach dem Eierstapel, geschickt wird ein Ei in die Pfanne geschlagen und die leere Schale in elegantem Bogen nach hinten ins Dunkel auf den Boden geworfen. In der Pfanne brutzelt es auf. Die andere Hand rührt mit einem Kochlöffel. Nun noch ein zweites Ei dazu. Dann mit langgestreckten Fingern ein paar Griffe in verschiedene Dosen, und ein paar Prisen Gewürze werden in die Pfanne gestreut. Alles geschieht in großer Ruhe, ohne jede Hektik, und doch dauert es nicht lang. Noch einmal umrühren, dabei die Pfanne über der Flamme hin- und her geschwenkt. Und schon wird das fertige Rührei auf einem kleinen Blechteller herübergereicht, auf dem als Beigabe etwas gehackte Zwiebel, ein paar Scheiben Tomate oder lauchähnliches Gemüse liegen. Dazu ein großes dünnes Fladenbrot, das der junge Mann von unten aus dem Holzkarren hervorzieht, wo er seine Küchenvorräte aufbewahrt. Hier esse ich fast jeden Abend nach dem ischa-Gebet mit einfachen Menschen mein einfaches Nachtmahl.

Der junge Mann und seine zwei, drei Freunde, die immer um sein Wägelchen herumstehen und mit ihm plaudern, halten mich für einen Libyer - weil ich ein grünes Gewand trage, erklären sie. Was ich zum Essen trinken wolle, fragt einer, und holt mir dann aus einer Gaststätte, ein paar Meter entfernt, ein Getränk. Die leere Flasche wird er später wieder in einen der Kästen dort stellen. Das ist gewissermaßen ein Service für den Gast. Dann setzt er sein Gespräch mit den anderen jungen Männern fort. „Bismi-llah, in Gottes Namen" beginne ich meine Mahlzeit. Das Essen mundet gut. Das Fladenbrot ist zäh und kräftig, etwas für die Zähne. Ein Körnchen Sand, auf das man manchmal beißt, wird eben ausgespuckt. Die Eierspeise ist interessant gewürzt, das frisch geschnittene rohe Gemüse sorgt für eine dritte Geschmacksnuance. Es geht nichts über ein so reichhaltiges Souper. Mit den letzten Stücken des Fladenbrotes -

„al-hamdu li-llah, Gott sei gelobt" - wische ich den kleinen Teller aus und reiche ihn zurück. Aus einem Eimer wird ein wenig Wasser über ihn geschüttet. Es versickert im sandigen Boden. Nachdem der Teller so gewaschen und ein paar Mal mit einem Geschirrtuch abgerieben ist, kommt er wieder oben auf den Holzkarren neben die Lampe und die Pfanne zum nächsten Gebrauch. Ich suche im Lichtschein nach dem passenden Kleingeld. Ungezählt legt der junge Mann es in eine Dose und verabschiedet mich mit freundlichen Worten, als ich mich auf den Weg mache. Er schlägt schon das nächste Ei für den nächsten Gast in die Pfanne, es brutzelt auf, wird umgerührt, die Schale fliegt in hohem Bogen in das Dunkel hinter dem Wagen. Die langen Schattenarme des hantierenden Koches huschen über den Platz. Vor mir die Lichter der Minarette im dunklen Himmel der Nacht. Ich gehe langsam durch die Straße zur Moschee.

Die Nächte im Haram

Es sind die Nächte im Haram, in der Heiligen Moschee von Mekka, die mir in meiner Erinnerung vielleicht am bedeutsamsten wurden. Sie waren einzigartig. Zu später Stunde trat mehr und mehr Stille ein, und gegen Mitternacht nahm die Zahl der Menschen um die Kaaba merklich ab, aber der Strom der sie Umschreitenden versiegte nie ganz. Die Lücken, die von den Menschen gelassen werden, so heißt es, schließen die Engel. Nun ging man in wirklicher Ruhe, im Frieden, ungehindert, unabgelenkt. Selbst der Zugang zum Schwarzen Stein war ohne Schwierigkeiten möglich. Die Temperatur sank deutlich. Es war - zumindest für mich - erfrischend kühl, und das Wasser aus der Quelle Zamzam, ebenfalls kühler, schien noch mehr zu beleben.

Die Kaaba dünkt wie ein Magnet, dessen Kraft alle Widerstände, alles was einem sonst lieb ist, überwindet. Vor ihr zu beten, sie zu umschreiten ist der Wunsch jedes Muslims. Sie zu besuchen, nimmt er sich als eine Lebensaufgabe vor. Dafür verzichtet er, opfert und spart er. Mir wurde das alles fast geschenkt. Verdient habe ich es nicht. Und obwohl ich völlig fremd war, war ich doch nicht in der Fremde.

Ich umschritt die Kaaba jede Nacht. Geduldig
stellte ich mich in die Reihe derer, die vor dem
Schwarzen Stein standen, den sie vor dem Beginn
der Umschreitung küssen oder mit der Hand berühren wollten, wie das der Brauch des Propheten
war. Je später es wurde, umso weniger warteten
darauf. In den ersten Stunden nach Mitternacht
waren es anfangs manchmal nur zwei oder drei,

doch je näher die Zeit der Wallfahrt rückte, um so voller wurde die Moschee auch nachts.

Der Schwarze Stein befindet sich in einer silbernen Einfassung an der östlichen Ecke der Kaaba. Wenn man nicht weiß, daß er einmal in Stücke zerschlagen wurde, nimmt man die Fragmente nicht wahr, aus denen er zusammengesetzt ist. Sie werden von einer dunklen, gehärteten Kittmasse gehalten, eher schwarzrötlich als anthrazitfarben, größer als ein Kopf, nach innen gewölbt, durch das fortwährende Berühren von weicher Oberfläche mit nur wenigen kleinen Unebenheiten. Man muß sich leicht beugen und den Kopf in die Silbereinfassung stecken, um den Stein mit den Lippen zu berühren. Oft duftet er stark nach Wohlgerüchen, mit denen manche ihn bestreichen. Er ist ein Teil der ursprünglichen Kaaba, vom Propheten Ibrahim (a.s.) zum Bau verwendet und vom Propheten Muhammad (s) wieder an seine Stelle gesetzt, der einzige solche, der kostbarste Stein auf der Erde. So wird er wie das Wertvollste und Liebste geküßt und mit der Hand berührt.

„Bei Allah, ich weiß, daß du ein Stein bist, der weder nützt noch schadet", hat der Kalif Umar gesagt, „und hätte ich nicht gesehen, daß Allahs Gesandter (s) dich geküßt hat, so würde ich dich nicht küssen..." Doch der Brauch des Propheten war es, den Schwarzen Stein mit den Lippen zu berühren oder, wenn das Gedränge davor zu groß war, beim Vorbeigehen die Hand in seine Richtung hin auszustrecken. Diesem Brauch bin auch ich gefolgt.

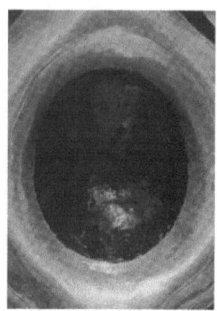

Der Schwarze Stein in der silbernen Einfassung

Wenn immer es möglich war, und in der Nacht war das nicht selten, ging ich zum Schwarzen Stein. Sieben Mal umschritt ich die Kaaba, sieben Mal kam ich an ihrer östlichen Ecke vorbei. Sieben Mal sprach ich die Bittgebete, und besonders das eine so wichtige aus dem Koran: „Unser Herr, gib uns Gutes im Diesseits und gib und Gutes im Jenseits und schütze uns vor der Strafe des Feuers." Dann betete ich beim Gebetsplatz des Propheten Ibrahim (a.s.) oder auch im „hidschr Ismail" unter der Regenrinne, dem „mizabu-r-rahma". Dort sollen Ismail und seine Mutter begraben sein. Ich stieg die Stufen zur Quelle

Zamzam hinab und trank ihr Wasser, das im Brunnenraum unter der Erde aus Rohren und Hähnen floß. Ich rückte in die Nähe von Männern, die aus dem Koran vortrugen und hörte zu. Manchmal traf ich jemanden, der mich ansprach, einmal eine Gruppe Muslime nordafrikanischer Herkunft aus Frankreich, aus der „Île-de-France", wie mir einer der begeisterten, neugierigen Jugendlichen sagte, wo es schön sei, weil sie dort eine Gemeinde hätten und eine Moschee.

Oft saß ich auf der Marmortreppe, die in der Nähe des „babu-n-nabi" in den Moscheehof hinabführte, oder auf den flachen Stufen des „mataf" und betrachtete, was vor mir lag. Matt schimmerte im Halbdunkel der Silberring um den Schwarzen Stein, die silbernen und goldenen Beschläge an der Tür Kaaba funkelten. Dann und wann bewegte sich in einem leichten Lufthauch die „kiswa", das schwarze Tuch der Kaaba mit den goldgestickten Schriftornamenten. Die dicken Metallringe, mit denen die „kiswa" unten befestigt ist, haben im Laufe der Jahrhunderte tiefe Spuren in die Marmorverkleidung am Fuß der Kaaba gegraben. Manchmal, wenn man in der Nähe ist und der Wind an der „kiswa" zieht, hört man das leise Klingen der Ringe auf dem Stein. Dort, wo das Tuch nach oben gezogen worden war, sah man die einfachen grauen, granitartigen Blöcke, aus denen die Kaaba gebaut ist, dazwischen wie Aderwerk die helleren Linien des Mörtels. Vom Licht silberner Laternen erhellt trat weißlich weich der Marmor der halbrunden Mauer „al-hatim" aus dem Dunkel hervor. Ganz oben über dem pechschwarzen Tuch funkelte die goldene Regenrinne. An dieser Stelle ging das dunkle Tuch der Kaaba über in die unendliche Weite der dunklen Nacht, in der sich Blick und Gedanken verloren. Dann irgendwann erhob ich mich wieder und begann erneut den „tawaf", die Umschreitung der Kaaba beim Schwarzen Stein, ging sieben Mal um das alte Gotteshaus herum, betete beim Gebetsplatz Ibrahims, trank Wasser aus der Quelle Zamzam, hörte die Stimmen der Koranleser, sah hinauf in das Dunkel der Nacht und schloß auch manchmal die Augen, um in das Dunkel meiner selbst zu schauen, vor dem ich erschrecken mußte, sprach Bittgebete für meine großen Sorgen und meine kleinlichen Wünsche, verspürte Dankbarkeit und Ruhe, Frieden - Frieden wenigstens bis zum kommenden Tag.

Ein leichtes Räuspern über ein Mikrofon ließ schließlich erkennen, daß nun zum Morgengebet gerufen würde. Und kurz darauf hallten die Worte des Muezzins von den Lautsprechern an den sieben hohen Minaretten über den Hof der Moschee und die schlafende Stadt in den schwarzen Himmel der Nacht. Ähnliches hatte ich anderswo nie gehört. Mächtig und mahnend und dennoch nicht aufdringlich schwebte der Ruf zum Gebet über dem Tal, und wie zur Bestätigung warfen die Felsenberge ein leichtes Echo zurück.

In Mekka gab es zwei Rufe zum Morgengebet. Der erste erfolgte weit vor dem Beginn der Dämmerung und zeigte so den Fastenden an, daß nun die Zeit gekommen war, das Morgenmahl vor dem Fastentag zu sich zu nehmen. Der zweite Ruf kündete die eigentliche Zeit des Morgengebetes an, das in der Dämmerung vor dem Aufgang der Sonne verrichtet wird. In diesen Tagen war der erste Ruf vor Fünf zu hören.

Langsam wuchs wieder nach dem ersten Gebetsruf die Menschenschar in der Moschee. Viele der Wallfahrer schlossen sich den wenigen an, die auch während der Nacht die Kaaba umschritten, andere setzten sich rings umher auf den Boden und warteten auf das Gebet. Gegen die Morgenkühle schützten sie sich mit den mitgebrachten Überwürfen und Gebetsmatten, die sie um die Schultern legten. Die Reihen füllten sich. Fröstelnd saßen die Leute da, trockenes Husten unterbrach die Stille. Seltsame, manchmal beängstigende Gestalten stellten sich ein. Die „zamzamis" mit ihren Wasserkrügen boten den Pilgern zu trinken an. Fast gespenstisch bewegten sich im fahlen Licht der Lampen ihre weiten schwarzen Umhänge durch die Reihen, doch frühmorgens hatten nur wenige Durst. Blinde schritten vorbei, von Kindern geführt, trugen mit halblauter Stimme Koranverse und Bitten vor, streckten die Hände aus. Mit dickem Unterleib und durchdringender Stimme drängte sich fast jeden Morgen eine Frau zwischen den Sitzenden hindurch und deutete mit Jammern und Klagen auf ihren Bauch. Scheinbar erklärte sie, daß sie schwanger sei, aber das Kind nicht zur Welt bringen könne. Sie war die Frau mit dem „versteinerten Kind", dessen Konturen unter ihrer Bauchdecke fast sichtbar schienen, wenn sie, wie zum Beweis, ihre Bauchbinde kurz anhob. Mit schweren Schritten schleppte sie sich dann weiter. Erst wenn gegen viertel vor Sechs der zweite Gebetsruf erschallte und die Menschen in der Moschee sich erhoben, um die zwei Gebetsabschnitte vor dem gemeinsamen Pflichtgebet zu verrichten, wichen all diese Erscheinungen bis zum nächsten Morgengrauen. Etwa um sechs Uhr wurde dann das gemeinsame Frühgebet in der Moschee verrichtet, und um sieben Uhr ging schließlich die Sonne hinter den Felsenbergen auf.

Das Frühstück

Gleich gegenüber der Wandelhalle, am Anfang des überdachten Marktes, standen ein paar Buden. Dort herrschte jeden Morgen nach dem Frühgebet geschäftiges Treiben. Viele der Wallfahrer, die aus der Moschee kamen, wollten frühstücken. Die Männer an den Buden hatten noch vor der Morgendämmerung ihre Vorbereitungen getroffen, in großen Töpfen Wasser heißgemacht, die Teekannen bereitgestellt, die Backwaren aufgestapelt. Dann gingen auch sie zum Gebet in die Moschee. Wenn sie zurückkehrten, drängten sich vor ihren Buden schon die Menschen. Auch ich stand an. Zuerst besorgte ich mir eine Tasse heißen Tee, hell gefärbt mit dicker Kondensmilch. Sie war so süß, daß auf den Zucker verzichtet werden konnte. Wer dennoch Zucker brauchte, bekam ihn aber auch. Eine dicke schwarz-weiß gefleckte Milchkuh auf saftig grüner Wiese war auf dem bunten Etikett der Dose zu sehen, ein beeindruckendes Bild in einer Wüstenstadt. Die Kondensmilch kam aus Holland. „Dutch Baby" stand auf manchen anderen Dosen. Zum Tee aß ich dann „roti", ein Brot aus grobem Blätterteig, gebacken in der Pfanne, das auch hier mit der malaiisch-indischen Bezeichnung von den Verkäufern angepriesen wurde. Mit diesem „roti" in der rechten und der Tasse Tee in der linken Hand stand ich dann ein paar Schritte von der Bude entfernt inmitten einer großen Menschenschar und genoß mein Frühstück. Die frische Kühle der letzten Nachtstunden war mir in den Körper gedrungen und noch nicht gewichen. Der erste Schluck des süßen heißen Tees verbrannte die Lippen. Aber er wärmte auch. Der Sonnenaufgang kündete sich an. Am Himmel über den Felsenbergen, dort wo auf einem Gipfel die kleine weiße Moschee zu erkennen war, schimmerte es rötlich, dann gelb. Es wurde heller. Ich aß mein Brot.

Mit Anderen, die ebenfalls hier frühstückten, ergaben sich Gespräche. Ein junger Muslim aus Südafrika sprach mich einmal an. Kassim hieß er, und er begleitete seine Mutter auf der Wallfahrt. Auch an den nächsten Tagen begegneten wir uns wieder. Er war sichtlich erfreut, in mir einen Bekannten etwa gleichen Alters gefunden zu haben. Vielleicht beeindruckte ihn aber auch, wie sich, in völligem Gegensatz zu seiner Heimat, hier das Gespräch zwischen Menschen aller Hautfarben ganz natürlich ergab. Zum Abschied schenkte er mir ein kleines Buch über die Wallfahrt mit einer freundschaftlichen Widmung. Hatten wir unser Frühstück beendet, ging jeder seiner Wege. Nach dem letzten Schluck Tee, der immer am süßesten war und auch ein paar Teeblätterreste enthielt, brachte ich die leere Tasse zurück an den Stand und bezahlte. Dann ging ich im Licht der aufgehenden Sonne durch den überdachten Markt und die Gasse müde aber gesättigt „nach Hause". Es war sieben Uhr vorbei, bald halb acht. Meine Zeit des Schlafens begann. Ich legte mich zur Ruhe, während die übrigen Zimmergenossen, die in der Nacht geschlafen hatten, sich nun in die Stadt begaben. Meist kamen sie erst gegen Mittag wieder zurück. Bis dahin schlief ich einigermaßen ungestört und störte auch niemanden, und das war mir recht. Statt zu neunt mußten meine Zimmergenossen den engen Raum nur zu acht miteinander   teilen, weil ich die Nächte in der Moschee verbrachte. Tagsüber weckte mich kein Schnarchen und Husten, denn ich war allein im Raum. Er war während der Nacht ausgekühlt und die Kälte auch in die harte Matratze am Boden gekrochen. Der Anfang des Schlafes war deshalb weniger wohlig. Aber dann verlangte der Körper sein Recht, und ich schlief fester. Manchmal erwachte ich von Schmerzen der Knochen oder den Lauten des geschäftigen Treibens unten auf der Gasse, die durch die „maschrabijja" bis an meine Ohren drangen. Dann versuchte ich, die steifen Glieder zu bewegen, drehte mich ein wenig, zog die Decke eng um mich bis ans Kinn und schlief weiter.

Kurz vor ein Uhr war Mittagsgebet. Mit einer Gebetsmatte über der Schulter und dem Tuch gegen die gleißende Sonne über dem Kopf ging ich durch den Suq zur Moschee. Dort mußte ich die Sandalen ausziehen. Die von der Sonne erhitzten Steinplatten rund um die Kaaba verbrannten die Fußsohlen, die Handflächen, die Stirn bei der Niederwerfung im Gebet. Dagegen kann man sich nur schützen, wenn man eine Matte mitgebracht hat, auf der man betet oder weiter hinten einen Platz auf den großen Flächen des Innenhofes wählt, die nicht mit Platten, sondern mit losen, rotbraunen Kieseln bedeckt waren. Aber auch diese Kiesel hatte die Sonne durchglüht, und das ließ ahnen, wie qualvoll unerträglich selbst nur das Mindeste des Höllenfeuers sein muß. Dort allerdings wird es kein Ausweichen geben.

Fast immer während der Zeit der Wallfahrt wird nach den täglichen Gebeten auch das Totengebet bei der Kaaba verrichtet. Die Verstorbenen sind in Leichentücher gehüllt und werden auf tuchbedeckten Holzbahren in die Moschee gebracht und unmittelbar nach dem Pflichtgebet vor der Tür der Kaaba aufgestellt. Dann ruft der Gebetsrufer „Gebet für die Toten, Allah erbarme sich ihrer!", der

Gebetsleiter steht vor der Bahre, und die meisten der Anwesenden beten mit. Anschließend werden die Toten aus der Moschee hinausgebracht, wobei fast jeder, an dem eine Bahre vorbeikommt, sie wenigstens ein paar Schritte weit trägt. So ist die Erinnerung an den Tod, dem, der davor die Augen nicht verschließt, gerade in diesen Tagen fast allgegenwärtig.

Nach dem Mittagsgebet, während der wärmsten Stunden des Tages, ruhen sich eigentlich alle aus. Selbst im Februar war zu dieser Zeit die Sonne heiß, und die Temperatur schätzte ich auf 30 bis 35 Grad. Das war ein deutlicher Kontrast zu den kühlen Nächten. Auch ich machte noch einmal ein Nickerchen.

Zur Post

Früher als die anderen wachte ich wieder auf. Ich las ein wenig. Noch vor vier Uhr erschallte der Ruf zum Nachmittagsgebet, und alle gingen wieder in die Moschee. Fast täglich schrieb ich einen Brief. Zu diesem Zweck erstand ich mir in einem der kleinen Läden Briefumschläge und Papier, bald sogar einen ganzen Briefblock. Er zeigte in buntem Druck am Kopf die Heilige Moschee in Mekka mit der Kaaba und die grüne Kuppel der Prophetenmoschee in Madina, dazu in der Mitte den Berg der Barmherzigkeit in Arafat, die wichtigste Station der Wallfahrt, und darunter Skizzen der weiteren Örtlichkeiten, nämlich Musdalifa und Mina.

Briefpapier aus Mekka

„29.01.71 (Freitag).... Heute schreibe ich wieder einen Brief... ich werde versuchen, ihn als Einschreiben zu schicken. Tagsüber ist es sehr heiß, aber nachts ziemlich kalt... Morgens schmerzen mir die Knochen..."

„02.02.71... Das Essen ist sehr teuer hier. Ich habe ein paar Tage gefastet, aber jetzt, um fit zu sein, esse ich normal. Ein kleiner Teller Reis, nur Reis, kostet schon 2 Rijal und 10 Kurusch... Eine Tasse Tee kostet 1 Rijal, manchmal mehr..."

Zu der Adresse auf dem Umschlag schrieb ich mit ungelenker Hand das Bestimmungsland in arabischer Schrift. Dann trat ich aus dem Haus, wandte mich nach links und machte mich auf den Weg zur Post. Die enge Gasse stieg steil an, der Boden war bedeckt von Staub und Steinen. Hier und dort drang der Fels bis an die Oberfläche. Nach ein paar hundert Metern auf diesem holprigen Pfad war das Ziel erreicht, die Menschenschlange vor dem Postamt. Beim ersten Mal hatte ich das Haus als Postamt gar nicht erkannt. Es war ein ganz gewöhnliches Gebäude, nur gab es an der Vorderseite ein schmales Fenster, dahinter ein alter Mann in einfacher arabischer Kleidung. Keine Uniform, kein Briefkasten, kein Schild mit Posthorn oder Telegrafenblitzen. Briefmarken kaufen konnte man dort auch nicht, lediglich seine Briefe abgeben. Dann wurde einem die zu zahlende Summe gesagt oder mit Bleistift auf einen großen Bogen Papier geschrieben, der wohl zu diesem Zweck auf dem Fensterbrett lag. In diesem Postamt wurde sicher mancher Brief vergessen. Auch die ersten meiner Sendungen sind nie angekommen, aber ich war bald klüger. Nun verschickte ich nur noch Einschreiben. Das dauerte länger und kostete etwas mehr, aber bot doch die Aussicht, daß diese Briefe vorrangig befördert werden würden.

War ich nach längerem Warten in der Schlange vor dem Fenster an der Reihe, legte ich meinen Brief vor. Der Postmann kramte dann nach dem Block mit den Einschreibezetteln, füllte bedächtig einen davon aus, fragte zur Sicherheit noch einmal nach dem Bestimmungsort und trug schließlich eine Nummer ein, die er auch auf den Umschlag schrieb. Dann kritzelte er den zu zahlenden Betrag auf das Papier vor sich, und ich erhielt die Quittung und das Wechselgeld. Nun hatte ich zumindest den Beleg dafür, daß der Brief in Mekka aufgegeben worden war. Tatsächlich ist kein solcher Brief mehr verloren gegangen. Diese ganze Aktion, das Schreiben, der Gang zur Post, das Warten vor dem Fenster und das Aufgeben des Briefes als Einschreiben, nahm meist die ganze Zeit bis zum

Abendgebet in Anspruch, doch war der Nachmittag bei weitem nicht mehr so heiß. Es war die Zeit, zu der die Stadt zum zweiten Mal am Tag zum Leben erwachte. Bis in die späten Stunden der Nacht herrschte nun auf den Straßen und Gassen und in den Läden und der Moschee wieder ein reges Treiben, fast noch mehr als zwischen Morgengebet und Mittag.

Abu Qubais

Jedes Mal, wenn ich im Morgengrauen die Moschee verließ, blickte ich hinauf zu den östlichen Felsenbergen, die den Talkessel von Mekka einschließen. In diese Richtung mußte ich mich wenden, um die Wandelhalle zu durchqueren und dann zum überdachten Markt zu gehen. Hinter der Bergkette verfärbte sich der Himmel gelb und rot, und schon lange, bevor die ersten hellen Lichtstrahlen der Sonne die Gipfel wie Feuer erglühen ließen, zog auf der höchsten Spitze die weiß getünchte kleine Gebetsstätte über dem noch dunklen wie ein Scherenschnitt wirkenden Felsen den Blick an sich. Heute, am Nachmittag, nach dem Gebet, bestieg ich den Berg, Abu Qubais genannt, zusammen mit drei der Reisegefährten aus Singapur, darunter Anis und dessen alte Mutter.

Der Berg Abu Qubais

Erstaunlich, was diese hochbetagte Dame auf sich nahm. Zwischen uralten Steinhäusern geht es auf schmalem Pfad den steilen Berg hinauf. Fast 150 Meter Steigung sind zu überwinden. Abwasser, das vor die Häuser gekippt wird, fließt in dünnen Strömen den Wegrand nach unten und versickert zwischen Steinen. Magere, struppige Katzen durchsuchen Abfallhaufen. Sie huschen ängstlich davon, als wir vorbeistapfen, obwohl ihnen keiner von uns etwas antun will. Ein schwerbeladener Packesel versperrt den Weg. Nur dadurch, daß wir uns durch eine Türbucht zwängen, kommen wir vorbei. Zu diesem steilen Berghang führt keine Straße mehr. Nur noch über schmale Gassen, die bald in Trampelpfade übergehen, ist er erklimmbar. Alles, was hier gebraucht wird, muß hinaufgetragen werden, von Tieren und Menschen, vor allem das Wasser, aber auch jedes Stück Brot. Wer hier wohnt, gehört nicht zu den reichen Mekkanern. Wer hier als Wallfahrer Unterschlupf findet, kommt nicht aus den reichen Gegenden der muslimischen Welt.

Wir halten an, um zu verschnaufen. Ein Blick zurück auf die steile Gasse, durch die wir aufgestiegen sind. Die engen Häuserwände versperren die Aussicht auf das Tal und die Stadt. Dann weiter nach oben bis auf die Höhe des „dschabal Abi Qubais". Der Scheitel des Berges ist flach. Auch dort stehen Häuser, doch scheinen sie unbewohnt. Vor leeren Fensterhöhlen Reste der hölzernen Läden und Schattenbalkone. Dort irgendwo muß die „zawija" des Senussi gewesen sein, des geheimnisvollen heiligen Mannes, der sich mit seinem Orden in Libyen einen Namen machte, und der mir schon als Kind auf den Litfaßsäulen begegnet war, weil eine deutsche Zigarettenmarke „Senussi" hieß. Wir gingen über steinigem Schotter auf der Kuppe entlang. Sie überragt die Kaaba im Tal um 145 Meter. Viele Erzählungen und Legenden ranken sich um diesen Berg. Von hier ist auch der „dschabal an-nur" erkennbar, jener auffällig hochragende Felsenberg, vielleicht fünf Kilometer nach Nordost gelegen, in dessen Höhle der Prophet Muhammad (s) die erste Offenbarung empfing - die Worte „iqra bismi rabbika...", die ich auch dem Richter in Dschidda aufgesagt hatte.

Wir schlendern zurück. Die Sonne steht tief. Ein milder Lufthauch streicht über den Berg. Im Vorhof der verfallenden kleinen Moschee hocken wir uns auf Steine am Boden. Von unten aus dem Tal leuchtet sie weiß, aber nur die Vorderseite ist frisch getüncht. Sie ist nichts weiter als ein niedriger rechteckiger Raum. Mit anderen, Malaien und Arabern, warten wir auf das Abendgebet. Bis dahin sprechen wir Worte des „dsikr, des Gedenkens" an Gott und lassen dabei die Perlen der Gebetsketten durch die Finger gleiten: „subhanallah, Allah sei gelobt"... und immer wieder „la ilaha illa llah, Es gibt keinen Gott außer Allah".

Hier oben ist es ruhig und still. Nur hin und wieder rührt sich ein Lufthauch. Dann dringt von unten aus dem Tal der Ruf zum Abendgebet bis zu uns empor, seltsam verzerrt von der Brise, die ihn trägt. Die Sonne ist hinter den Bergen versunken. Jemand spricht die „iqama", die zweite Aufforderung zum Gebet. Wir stellen uns mit den anderen in die Reihe. An der Wand der Moschee, die am Abhang zum Tal steht, weist die Gebetsnische zur

Kaaba. Aus kleinen Fensterspalten ist die hell erleuchtete Heilige Moschee im Tal zu sehen, mit der Kaaba in der Mitte des Hofes, diese Kaaba, die alle anzieht wie ein Magnet. Es dunkelt rasch. Wir eilen die steilen Gassen hinab. Je weiter wir nach unten kommen, umso heller und lauter wird es. Das Licht der Laternen und die Geräusche der allabendlichen Geschäftigkeit in den Straßen erreicht uns lange bevor wir dort ankommen und wieder eintauchen in die verwirrend vielfältige Menschenschar, die Mekka zur Zeit der Wallfahrt bevölkert.

Das Haus von Darwisch

Am 6. Dsu-l-hidscha, einem Dienstag, zwei Tage vor Beginn der Wallfahrt, lud uns Ibrahim ein, nachmittags mit ihm nach Arafat zu fahren. Er wollte dort danach sehen, ob alle Vorbereitungen für die kommenden Tage getroffen waren, und im Wagen gab es genug Platz. Wir waren vier, wenn ich mich recht erinnere: Anis, „ketua kampong, ein Dorfältester", ein weiterer älterer Malaie und ich. Die Unterhaltung während der Fahrt wurde auf Malaiisch geführt, das Ibrahim gut genug, ich weniger, beherrschte. Ich hörte deshalb mehr zu. Bald hatten wir den Stadtrand von Mekka hinter uns gelassen und fuhren kurz darauf durch Mina, eine kleine Ansiedlung in einem langgezogenen von Felsenbergen eingegrenzten Tal, durch dessen Sohle die häusergesäumte Straße führte. Rechts und links auf den Berghängen weitere Häuser, dazwischen immer wieder auch Zelte in großer Zahl. Ich betrachtete all dies und hing meinen eigenen Gedanken nach.

Irgendwann, während wir durch die Hauptstraße von Mina fuhren, sagte Ibrahim drei kurze, aber wie sich später herausstellen würde, folgenschwere Wörter: „Ini rumah Darwisch!", und dabei zeigte er nach rechts oben zum Hang. „Dies ist das Haus von Darwisch" - so viel Malaiisch verstand ich. Und dort oben am felsigen Hang mußte demnach irgendeines von den wie Würfel verstreuten weißgetünchten Häusern das Haus sein, in dem wir wohl während unseres kommenden Aufenthaltes in Mina untergebracht sein würden. Welches der Häuser es nun wirklich war, konnte ich nicht erkennen. Ich maß auch der ganzen Sache keine Bedeutung bei. Wir fuhren ja, ohne in Mina überhaupt anzuhalten, weiter nach Arafat, und es gab auf der Straße von Mina anderes zu sehen, das meine Aufmerksamkeit erweckte. Das Haus von Darwisch in Mina war mir kurz darauf schon nicht mehr gegenwärtig.

In Arafat angekommen, sah Ibrahim nach den Zelten, die schon aufgeschlagen waren. Dann stieg er mit uns auf den „dschabalu-r-rahma", den Berg der Barmherzigkeit. Von dort hatten wir im milden Licht der sinkenden Sonne des nahenden Abends und einem kühlenden Windhauch einen wunderbaren Ausblick über die mitten in der Wüstenebene errichtete Zeltstadt. Sie war noch ganz leer. Vorn ein paar dunkle Zelte, im Viereck aufgebaut, wohl ein Stützpunkt der Organisation, dahinter ein weites Meer von weißen Spitzzelten bis an die aufragenden felsigen Bergketten, die um die Ebene von Arafat herum liegen. In zwei Tagen würde sie gefüllt sein mit mehr als einer Million von Menschen...

Ich war froh, daß ich so Arafat zu sehen bekam, bevor der Ort mit den unzähligen Wallfahrern überfüllt war, war froh, den menschenleeren Berg der Barmherzigkeit zu besteigen, bevor jeder Schritt dorthin nur das Zusammenstoßen mit anderen Pilgern bedeuten würde inmitten des Gedränges von Tausenden, die hinauf und hinab wollten. Diese Gelegenheit, Arafat in aller Stille zu besuchen, mir wurde sie geschenkt, al-hamdu li-llah.

Blick auf die Ebene Arafat vom Berg der Barmherzigkeit
6.12.1390/2.2.1971

Hadsch

„Am 7. Tag des Dsu-l-hidscha hält der Imam eine Ansprache über den Ablauf der hadsch. Am 8. Tag (jaumu-t-tarwijah, Tag des Aufbruchs) vor dem Mittagsgebet begibt man sich nach Mina, einem Ort drei Meilen von Mekka, wo man die Nacht zum 9. Dsu-l-hidscha verbringt.

Nach dem „Suboh, Morgengebet" des 9. Tages des Dsu-l-hidscha, dem „Tag von Arafat", begibt man sich nach Arafat (dschabalu-r-rahma, Berg der Barmherzigkeit). Dort, 10 Meilen von Mekka und 3 Meilen nördlich von Mina, verrichtet man „wuquf" (das Verweilen in Arafat, wenigstens für ein paar Minuten zwischen Mittag und Sonnenuntergang am „Tag von A-rafat"). Dazu bleibt man an den nahegelegenen „mauqaf, Warteplätzen".

Zur Zeit des Mittagsgebets leitet der Imam sowohl das Mittags- wie das Nachmittagsgebet (dsuhr und 'asr) mit einem „adsan" (Gebetsruf)... Am Nachmittag... ist man bei einer Anweisung über die Regeln der Wallfahrt anwesend... Nach dem Sonnenuntergang verläßt man den „mauqaf" ohne das Abendgebet zu verrichten. In Musdalifa angekommen verrichtete man das Abend- und das Nachtgebet (maghrib und ischa) mit einem „adsan, Gebetsruf" und einer „iqama, weiterer Gebetsruf". Man bleibt die Nacht über, möglichst nahe dem „Berg Qazah", aber nicht im Tal „Batnu-l-muhassar".

Arafat ist der Ort, wo sich Adam und Eva wiederfin-
den sollten, als sie aus dem Paradies vertrieben wor-
den waren und einander verloren hatten. Gott dankend
sollte man, als Nachkomme von Adam und Eva, an die-
sem Ort verweilen, um Vergebung für Vergangenes
und um Seine Rechtleitung für die Zukunft bitten...

Die Ansprache (khutba) am Tag von Arafat erinnert
an die berühmte „Abschiedsrede", die der Prophet bei
seiner eigenen Wallfahrt 3 Monate vor seinem Tod vor
140 000 Muslimen hielt..."

(Aus meinen Aufzeichnungen)

Am 8. Tag des Monats Dsu-l-hidscha 1390, dem
4. Februar 1971, einem Donnerstag, war es dann
so weit. Mekka war im Aufbruch. Der „hadsch"
begann. Überall Menschen, die sich anschickten,
die Stadt zu verlassen, einzeln oder in Gruppen, zu
Fuß, mit Autos, mit Lastwagen, mit Bussen. Auch
wir machten uns fertig. Am frühen Nachmittag
legten wir wieder die weißen Tücher des „ihram"
an, und etwas später bestiegen wir einen der zahl-
reichen Busse, die das Wallfahrtsministerium für
diesen Zweck bereithält. Durch die Enge der
Gasse und des Marktes bei unserem Quartier hätte
er gar nicht fahren können, und so stand er in ei-
niger Entfernung auf der Hauptstraße. Wir mußten
also bis dorthin ein Stück zu Fuß laufen. Als endlich alle da waren und jeder im Bus einen Platz

gefunden hatte, fuhren wir los, über Mina direkt nach Arafat, wo wir kurz vor dem Sonnenuntergang eintrafen. Auf der Fahrt durch Mina - ich saß auf der rechten Seite des Busses - schaute ich aus dem geöffneten Fenster, und sah wieder die Stelle oben auf dem Berg, wohin zwei Tage vorher Ibrahim gedeutet hatte, als er von Darwischs Haus sprach: „ini rumah Darwisch..."

In Arafat

In Arafat angekommen, fanden wir die riesige Zeltstadt jetzt voll von Menschen. Wir sollten die Nacht in einem uns zugewiesenen Zelt verbringen und auf den nächsten Tag warten, den Höhepunkt des „hadsch" - „jaum arafat", den Tag von Arafat. Diesmal war es, was ja nicht alle Jahre vorkommt, ein Freitag, und dem maßen viele der Pilger eine große Bedeutung bei. Eine solche Wallfahrt, bei welcher der Tag von Arafat auf einen Freitag fiel, nannten sie „al-hadsch al-akbar", die große Wallfahrt. So war es auch während der „Abschiedswallfahrt", der letzten Wallfahrt des Propheten Muhammad (s) gewesen, als in Arafat die Koranverse geoffenbart wurden: „Heute habe Ich für euch eure Religion vollendet und Meine Gnade an euch erfüllt, und es ist Mein Wille, daß eure Religion der Islam ist..."

In diesem Jahr, 1390 nach islamischer, 1970/71 nach abendländischer Zeitrechnung, sind es über 1 Millionen Menschen gewesen, die sich hier versammelten. Das allein schon läßt erkennen, welches Ausmaß die notwendigen Vorbereitungen umfassen mußten. Für das Jahr 1971 befürchtete man Cholera, die im Jahr zuvor in der Golf-Region aufgetaucht war. Aber Gott sei Dank blieb sie trotz sehr einfacher hygienischer Verhältnisse doch aus. In Arafat benutzten die Wallfahrer als Toiletten ja nur Löcher im Sand, um die zur Blickabschirmung Stoffplanen gespannt waren. Die später veröffentlichte Statistik nannte übrigens 431 270 Wallfahrer von außerhalb Saudi-Arabiens. Aus Malaysia waren 10 361, aus Singapur 404 Wallfahrer gekommen. Aus den europäischen Ländern stammten 3 419, davon die meisten aus Jugoslawien, gefolgt von England, Frankreich und Griechenland. Aus den übrigen europäischen Ländern waren es noch insgesamt 27. Ich hielt mich, ohne zu wissen, ob ich nun als aus Singapur oder dem übrigen Europa kommend erfaßt war, zumindest für den einzigen deutschen Mekkapilger, und bin auch niemandem aus Deutschland begegnet.

Nach Einbruch der Dunkelheit ging ich zwischen den vielen Zelten umher und fand bald, am Fuße des „dschabalu-r-rahma", einen Platz, wo ich etwas trinken konnte. Dabei unterhielt ich mich auch, so gut es eben ging, mit anderen anwesenden Pilgern. Die Kerosinlampen der einfachen Holzbude bohrten kleine Fenster in das Schwarz der Nacht und verstärkten die immer noch nicht gewichene Hitze des Tages. Nach einer Weile schlenderte ich zurück und begab mich zur Ruhe.

Das Zelt, in dem ich zusammen mit meinen Gefährten untergebracht war, lag nicht in unmittelbarer Nähe des „dschabalu-r-rahma", des Berges der Barmherzigkeit, aber auch nicht zu weit entfernt. Ich wußte aus Büchern und vom Hörensagen, daß am Tag von Arafat mittags die Ansprache verlesen wird, die der Prophet (s) während seiner letzten Wallfahrt gehalten hat, und ich wollte natürlich gern bei dieser Gelegenheit anwesend sein. Aber obwohl ich mich rechtzeitig auf den Weg gemacht hatte, konnte ich nirgendwo entdecken, daß sich zu diesem Zweck Menschen an einem besonderen Ort versammelt hätten. Ich besuchte wieder den „dschabalu-r-rahma", der nun von Menschen übersät war. Überall, wo es nur ging, stiegen sie hinauf und hinab.

Arafat mit dem Berg der Barmherzigkeit

Mit einer Gruppe anderer Wallfahrer verrichtete
ich dann das Mittags- und das Nachmittagsgebet,
abgekürzt und unmittelbar aufeinander folgend,
wie es Brauch bei der Wallfahrt ist. Die übrige
Zeit des Tages verbrachten wir im Gedenken an
Allah. Ich sah auch meinen Zeitgenossen zu, die
dazu jeder für sich immer wieder die Worte „la i-
laha illa llah - Es gibt keinen Gott außer Allah"
wiederholten. Diese alles entscheidende Tatsache,
der Kernsatz des Islam, sollte durch dieses „dsikr"
alle anderen Gedanken und Vorstellungen ver-
drängen und nichts übriglassen, als das Gotteinge-
denksein. Es sind nur vier Worte, aber ihre Trag-
weite ist unermeßlich. Und hier, in der Ebene von

Arafat, am Tag von Arafat, waren nun all die Pilger versammelt, und jeder rief sich immer wieder diese vier Worte ins Bewußtsein, sprach sie aus oder vor sich hin, allein oder zusammen mit anderen, langsam oder schnell, leise oder laut, so oder anders betont. In Erinnerung geblieben ist mir davon der besondere Rhythmus, mit dem ein älterer, freundlicher Mann aus Indonesien, diesen Satz sprach, und der mir noch immer im Ohr ist, wenn ich daran zurückdenke.

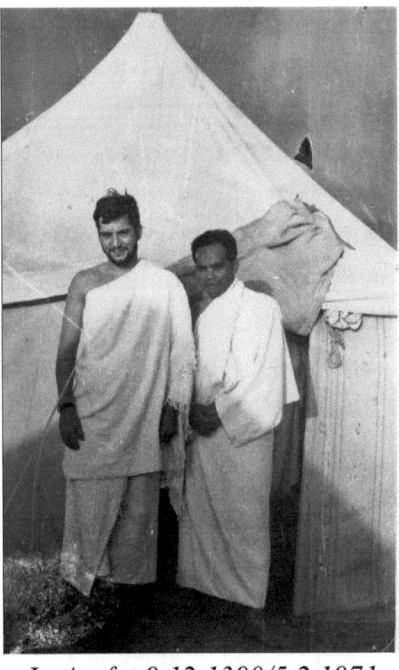

In Arafat 9.12.1390/5.2.1971

Dann kam die Zeit des Sonnenuntergangs und der „nafrah", des Aufbruchs von Arafat. Wir nahmen nun wieder unsere Plätze im Bus ein, und bald darauf befanden wir uns auf dem Weg nach Musdalifa und Mina, im größten Verkehrschaos, das ich je erlebt hatte. Über 100 000 Fahrzeuge wollten zur gleichen Zeit von einem einzigen Ort zu einem einzigen anderen. Fahrzeuge vor uns, neben uns, hinter uns - nur Gott sei Dank nicht über uns. So weit man sehen konnte, Autos, Busse, Lastwagen, Lieferwagen, alles was nur vier Räder hatte, und mitten drin auch unser Bus. Es war phantastisch. Zuerst ging es gar nicht los, die Fahrzeuge standen einfach nur da. Dann fuhr man ein Stück, manchmal nur wenige Meter, dann wieder Stillstand, Warten, Hupen, Motorenheulen. Wieder ein Stück weiter, dann manchmal ein paar hundert Meter und schließlich, wie bei einem Autorennen, brauste alles los, vor uns, neben uns, hinter uns, plötzlich in großem Tempo, und jeder Fahrer bemüht, den kleinsten „Fehler" des anderen für sich zu nutzen, sich in die kleinste Lücke zu drängen, um wieder eine Wagenlänge Vorsprung zu gewinnen.

Ich saß im Bus, hatte wieder das Fenster heruntergelassen und genoß, wenn wir fuhren, den gelegentlichen kühlenden Fahrtwind. Daß er von

Auspuffgasen durchseucht war, nahm ich kaum wahr. Auch den von draußen immer wieder hereingewehten Staub konnte ich ertragen. Wenn es zu schlimm wurde, hielt ich mir einen Zipfel meines „ihram"-Tuches vor Mund und Nase, bis die Luft wieder etwas reiner war. Draußen bot sich ein erstaunliches Bild. Solange nur Personenwagen neben uns fuhren, war es erträglich, denn auf die konnte man aus dem Bus heraus gewissermaßen herabsehen. Aber jedes Mal, wenn ein mit Pilgern voll beladener Lastwagen oder Bus in die Nähe kam, wurde es bedrohlich. Die Lage veränderte sich jedoch ständig, und alle Fahrzeuge bewegten sich nach vorn, in die selbe Richtung, Arafat hinter sich lassend. Als ich mich noch einmal umdrehte, um einen letzten Blick dorthin zu werfen, wo wir alle den Tag verbracht hatten, sah ich auch dort nur noch eine unendliche Menge von Fahrzeugen, so weit das Auge sehen konnte.

Dann schaute ich wieder aus dem Fenster auf die Fahrzeuge, die neben unserem Bus fuhren. Da war ein vollbesetzter Personenwagen, so nah, daß ich ihn mit der Hand hätte berühren können. Direkt an seiner anderen Seite fuhr ein Lieferwagen, auf dessen Transportfläche Pilger saßen, Araber, vermutlich Einheimische, wie an ihren Gesichtern zu erkennen war. Beide Wagen rasten nebeneinander her, Stoßstange an Stoßstange mit den Fahrzeugen vor ihnen. Beide hupten ständig. Beide Fahrer warteten, bis der jeweils andere die Nerven verlieren und sein Tempo etwas zurücknehmen würde. Dann entstünde nämlich eine kleine Lücke. Nur wenige Zentimeter Abstand zum Fahrzeug davor würden ja genügen. In die könnte man sich hineindrängen und dann vorneweg sein. Aber es half nichts. Obwohl die beiden Fahrzeuge einander immer wieder gefährlich nahekamen, gab keiner der beiden Fahrer nach. Doch dann geschah das Unerwartete: Der Beifahrer des Lieferwagens zog seinen Stock hervor, langte durch das geöffnete Fenster, rief ein paar mir unverständliche Worte und schlug dann mit dem Stock, so fest er konnte, immer wieder auf den Kotflügel des anderen Fahrzeuges ein. Er hatte es zwar mit einem Auto zu tun, aber das machte keinen Unterschied. Die Situation war doch die gleiche wie bei einem Kamelrennen. Der Gegner mußte abgedrängt werden, damit man sich nach vorne schieben konnte, und dazu benutzte man den Stock.

Wie dieses Rennen schließlich ausgegangen ist, kann ich nicht einmal sagen. Der Bus, in dem ich saß, fuhr ja zu langsam, um bei dem Tempo der Autos mitzuhalten. Ich sah sie also nur noch davonbrausen, eine Handbreit nebeneinander, und den Stock des Beifahrers immer wieder auf das andere Auto einschlagen als sei es ein Kamel...

Musdalifa

„Der 10. Tag des Dsu-l-hidscha, der „Tag des Opfers" (idu-l-adha). Nachdem man wenigstens 49 Steinchen in Musdalifa aufgesammelt hat, verrichtet man das „suboh", Morgengebet, und bricht dann wieder auf nach Mina.

Am „dschamratu-l-Aqaba" wirft man sieben Steine auf die Säule, einen nach dem anderen, wobei man jeden zwischen Zeigefinger und Daumen der rechten Hand hält. Bei jedem Wurf sagt man: „Bismi-llah, allahu akbar, im Namen Gottes, Gott ist größer". Danach opfert man ein Schaf oder eine Ziege oder mit noch sechs Anderen einen Büffel oder ein Kamel. Man rasiert den Kopf (oder wenigstens ein Viertel) oder kürzt das Haar gleichmäßig und legt den „ihram" ab... Alles bis auf die geschlechtliche Betätigung ist jetzt wieder erlaubt...

Das Werfen der Steine erinnert an das Ereignis, als Abraham seinen Sohn als Opfer zum Beweis dafür bot, daß er nichts mehr liebte als Gott. Dreimal näherte sich ihm der Satan, um ihn zu versuchen, aber Abraham warf Steine nach ihm. Dies geschah nahe Mina und wird heute als ein Zeichen dafür verrichtet, daß man die Versuchung des Satans im heutigen Leben ablehnt...

Das Opfer: Allah nimmt nicht das Fleisch oder Blut an, sondern er nimmt das „Opfer" als eine Gabe des Herzens an. Das Tier ist das sichtbare Zeichen dieser Gabe. Sure 22:37: „Es ist nicht ihr Fleisch und nicht ihr Blut, das Gott erreicht, es ist eure Frömmigkeit die Ihn erreicht..." - Opfern ist das Zeichen des Dankens, indem man das Fleisch mit den Mitmenschen teilt.

Möglichst am selben Tag (10. Dsu-l-hidscha) oder am 11., spätestens am 12. dieses Monats verrichte den „tawafu-z-zijara, Umschreitung des Besuches" in Mekka. Anschließend verrichte „sa'i" (den Lauf zwischen den Hügeln Safa und Marwa)... Danach läßt man den „ihram" vollständig... Nach dem „sa'i" kehrt man nach Mina zurück, noch am selben Tag, und verbringt die Nacht zum 11. Dsu-l-hidscha dort. Nach dem Mittag des 11. Dsu-l-hidscha begibt man sich zu den Säulen „dschamratu-l-ula, dschamratu-l-wusta, dschamratu-l-Aqaba" und wirft auf jede nach der vorgeschriebenen Weise sieben Steine, wobei man wieder jedes Mal sagt: „Bismi-llah, allahu akbar". Dasselbe erfolgt in Mina am 12. Dsu-l-hidscha vor dem Mittagsgebet (dsuhr). Anschließend verrichtet man „tawafu-l-wida" in Mekka...

(Aus meinen Aufzeichnungen)

Als wir schließlich Musdalifa erreichten, war es schon lange dunkel. Wir beteten das Abendgebet und das Nachtgebet. Dann suchten wir die kleinen Steine, die wir für die kommenden Tage in Mina brauchen würden. Manche hatten Taschenlampen oder suchten im Licht der Autoscheinwerfer. Andere, auch ich, suchten in der Dunkelheit, mehr tastend als sehend. Aber jeder fand genügend von den erbsengroßen Steinen. Ich fand auch eine Münze, einen „qirsch" aus dem Jahre 1378 (1958), die also keinen besonderen Wert hatte. Ich behielt sie aber zum Andenken an die Nacht in Musdalifa, ließ sie später als einen Kettenanhänger in Silber fassen und habe sie noch heute.

Zur Sicherheit nahmen wir ein paar Steinchen mehr mit, als wir wirklich brauchten, um nicht dazustehen, falls wir welche verlieren würden. Nachdem somit alles Notwendige erledigt war, ruhten wir uns in Musdalifa bis zum Morgengebet aus. Manche schliefen sitzend im Bus, andere legten sich neben den Bus auf den Sandboden. Es wurde unangenehm kühl, man war nur mit zwei Tüchern bedeckt. Erst die Morgensonne würde wieder Wärme bringen, aber bis dahin mußten noch einige Stunden vergehen. Über uns der unendlich tiefe mit Sternen übersäte Himmel der Nacht. Die wahre Nichtigkeit des eigenen Daseins erkennt man, wenn man mit offenen Augen unter einem solchen mit Sternen übersäten unendlichen

Nachthimmel liegt, wenn man machtlos dem Ausbruch von Naturgewalten zusieht, wenn man sich in einer endlos weit reichenden Menschenmenge verliert. Und doch hat jeder einzelne Mensch in diesem Weltall, in dieser Natur, in dieser Schar von Menschen seinen ganz bestimmten, eigenen Platz, begegnet anderen Menschen wie er selbst, hat seine Aufgabe, hat seinen Sinn...

Mina und die Fahrt, die nicht enden wollte

Der Morgen graute. Wir verrichteten das Frühgebet, und bis dann alle wieder den Bus bestiegen und ihre Plätze eingenommen hatten, war die Sonne schon aufgegangen. Sie wärmte leicht, dazu kam eine spürbare Müdigkeit nach den kurzen Ruhestunden und die Aussicht, daß die größeren Strapazen nun bald vorbei sein würden. Darüber freuten sich besonders die älteren Leute im Bus und die Mütter, die kleine Kinder bei sich hatten. Denn heute, am 10. Dsu-l-hidscha, war der Tag des Opferfestes, und der würde in Mina verbracht werden. Und in Mina sollten wir nicht, wie in Arafat in Zelten, sondern in einem festen Haus untergebracht sein, eben jenem „Haus von Darwisch", von dem schon die Rede war.

Der Bus fuhr los, und es dauerte auch nicht allzu lang, bis wir nach Mina kamen. Aber dort geschah das gänzlich Unerwartete: Unser Fahrer wußte nicht, wohin er uns bringen sollte. Also versuchte er, anzuhalten, um nach dem Weg zu fragen. Alles hinter uns fing an zu hupen. Die Polizei am Straßenrand, zu Fuß oder mit Motorrad, winkte den Bus weiter. Hier könne er nicht halten, weiterfahren, weiterfahren...

Hauptstraße in Mina

Also fuhr er weiter, immer geradeaus, durch Mina. Noch einmal versuchte der Busfahrer, einen Polizisten nach dem Weg zu fragen, mit dem gleichen Resultat: Weiterfahren, bloß nicht stehenbleiben! Drohend wippte der Polizist mit dem Stock. Unser Busfahrer wußte sich zu helfen. Er fuhr einfach weiter, dann aus dem Ort heraus, machte einen Bogen um Mina, fuhr ein paar Kilometer zurück, und schob sich unter lautem Gehupe wieder in die endlose Schlange der von Musdalifa nach Mina kriechenden Fahrzeuge. Auf ein Neues. Wieder hinein nach Mina, auf der Hauptstraße, wieder der Versuch, nach dem Weg zu fragen, und wieder dieselbe Antwort: Weiter, weiterfahren, hier darfst du nicht stehenbleiben! Also fuhr er weiter. Wieder bis zum anderen Ende von Mina, dann im Bogen um Mina herum, zurück in Richtung Musdalifa und erneut hinein in die Schlange der Fahrzeuge, die sich von dort auf Mina zubewegten. Wie oft sich das wiederholte, weiß ich nicht mehr. Niemand im Bus kannte ja Mina, und niemand wußte, wo unser Quartier sein würde. Mir schien, als hätte es auch außer mir beim ersten Mal gar keiner bemerkt, daß wir im Bogen zurückgefahren waren. Ich war mir selbst nicht klar, was eigentlich geschah. Müde war ich ebenso, wie alle anderen im Bus. Vielen waren die Augen schon zugefallen. Ich wartete ab. Irgend jemand würde es ja merken, und dann sicher etwas tun. Nur als wir nun sicher schon zum dritten Mal durch Mina fuhren und Stunden seit unserem Aufbruch vergangen waren, wurden die Leute im Bus unruhig. Kinder schrien, manche wollten zur Toilette, alle waren müde, es gab nichts zu trinken, gefrühstückt hatte auch keiner, das Sitzfleisch tat nun schon weh, die Sonne stand hoch, die Tageshitze nahm spürbar zu. Jetzt merkten auch die, die geschlafen hatten, daß etwas nicht stimmte. Wir fuhren seit Stunden im Kreis, hinein nach Mina, durch die Hauptstraße, dann im Bogen nach links, zurück nach Musdalifa, von dort wieder hinein nach Mina, und am anderen Ende wieder heraus...

Ich saß ziemlich weit hinten im Bus, Anis mit seiner alten Mutter weiter vorn. Ich stand auf und zwängte mich durch den Mittelgang, um mich mit Anis zu beraten. Auch ihm war klar geworden, daß nicht alles seine Richtigkeit hatte. Wir beschlossen, den Fahrer zu fragen, was los sei, warum wir ständig im Kreis fahren. Aber wir fanden nur heraus, daß der Fahrer aus dem Jemen kam. Er kannte Mekka und Umgebung so wenig wie wir, offenbar noch weniger. Er fuhr den Bus, das war seine Aufgabe, und er wußte darüber hinaus nur noch, wo er uns abzuliefern hatte - bei Darwischs Haus. Aber wo das war, keine Ahnung hatte er. Irgendwo in Mina müßte es sein. Er hatte sich ja bemüht, nach dem Weg zu fragen, aber die Polizei kannte das Haus von Darwisch nicht und hatte ihm Strafe angedroht, wenn er stehenbleiben würde. Er mußte weiterfahren, also fuhr er weiter. Was anderes zu tun sei, wußte er auch nicht.

Jetzt also ging es darum, daß, wenn niemand sonst, dann ich etwas zu tun hatte. „Ini rumah Darwisch" - al-hamdu li-llah, Gott sei gelobt. So stellte sich heraus, warum Allah der Barmherzige mich diese Worte hatte hören lassen. Ich erklärte Anis und dem Busfahrer meinen rasch gefaßten Plan. Ich würde versuchen, das Haus zu finden. „Wenn wir wieder nach Mina hereinfahren, springe ich aus dem Bus. Ihr fahrt weiter, im Kreis, wie bisher. Wenn ihr wieder nach Mina hereinfahrt, nehmt ihr mich an der Stelle wieder mit, an der ich ausgestiegen bin. Inschallah, wenn Gott will, finde ich den Weg." Der Busfahrer war selbst so ratlos, daß er zustimmte. Die Menschen im Bus, ermüdet und gereizt, schöpften Hoffnung. Sie wünschten mir alles Gute. Der Bus fuhr wieder durch die Hauptstraße von Mina, und ich sprang ab.

Da stand ich nun, mit nichts am Leibe als zwei weißen Tüchern, allein inmitten einer endlos weit reichenden Menschenmenge, durch die sich eine unendliche Schlange von Fahrzeugen quälte. Ich suchte den nächsten Polizisten und fragte ihn, wo das Haus von Darwisch sei. Es war nicht zu übersehen, daß er keine Ahnung hatte - wie sollte er auch. Er schickte mich weiter. Ich zwängte mich durch die Menschenmenge zum nächsten Polizisten, wiederum ergebnislos. Wo würde der Bus jetzt sein? Bestimmt noch nicht einmal am Ortsende von Mina, also noch Zeit genug, bis er wiederkommt. Weiterfragen, doch erneut kein Erfolg. Aussichtslos, hier eine Auskunft zu bekommen. Jemand schickt mich nach links, weg von der Hauptstraße. Dort, auf einem etwas freien Platz befindet sich eine Art Einsatzleitung. Polizisten und andere gehen ein und aus. Ich stelle mich an. Leute fragen, suchen, brauchen Hilfe. Schließlich komme ich an die Reihe. Ich frage nach dem Haus von Darwisch, und der Mann am Schalter hilft mir weiter. Er ruft einen der jungen Männer in der Nähe, einen Pfadfinder in Uniform, und sagt ihm, er solle sich um mich kümmern. Der Junge bemüht sich. Er hat einen Plan von Mina. Auf diesem Plan ist alles klar zu sehen. Die Hauptstraße, die Einsatzleitung, hier sind wir, und alles andere - nur nicht das Haus von Darwisch. Das steht nicht auf dem Plan, wie sollte es auch. Der Junge entschuldigt sich. Es tut ihm sichtlich leid, daß er nicht weiterhelfen kann. Alles, was in seinen Kräften stand, hat er versucht.

Helfen? Helfen kann nur Allah, und auf Ihn vertraue ich. Wenn ich die Hauptstraße entlang gehe, bis zu der Stelle, wo die Worte gefallen sind „ini rumah Darwisch", dann müßte ich es doch sehen können, das Haus, rechts, nein links, denn wir sind ja damals aus der anderen Richtung gekommen, also links oben am Hang müßte ich es sehen können, genau so wie ich bei der Autofahrt zumindest doch die Gegend gesehen hatte, in der das Haus lag. Dann könnte ich den Hang hinaufsteigen und dort suchen, bis ich es gefunden habe... Nur Allah kann helfen - Allah hilf!

Also, zurück zur Hauptstraße. Ich schiebe mich mühsam vorwärts durch den Menschenstrom, blicke immer wieder hinauf zum Hang. Da sind Häuser, aber die Gegend sieht nicht so aus, wie ich es in Erinnerung habe, also weiter. Und immer wieder schaue ich nach oben zum Hang. Und dann, al-hamdu li-llah, endlich, ich habe es gefunden. Das ist die Gegend, die ich vom Auto her gesehen hatte. Jetzt kann es nicht mehr weit sein. Ich suche die nächste Seitenstraße und steige den Hang hinauf. Oben frage ich jemanden nach dem Haus von Darwisch. Dort hinten, wird mir gezeigt.

Also noch ein Stück weiter, und dann zur Tür hinein: „Ist hier das Haus von Darwisch?" - „Ja!" - „Al-hamdu li-llah."

In den verschiedenen Räumen dieses großen Hauses hielten sich viele Menschen auf, alles bekannte Gesichter, alles Leute, die Darwisch und Ibrahim betreuten. In Mekka hatten wir ja auch im selben Haus gelebt. Bald fand ich auch Simah Abdullah. „Wo seid ihr? Wo sind Anis und seine Mutter? Wir warten schon Stunden auf euch!" Ich erkläre kurz, was passiert ist. Der Bus hat den Weg nicht gefunden. „Der Bus? Wo ist der Bus? Bist Du etwa ohne den Bus hierher gekommen?" - „Ja, und wenn jetzt jemand, der den Weg kennt, mit mir geht, zum Bus..."

Ein junger Mann wird mitgeschickt. Wir gehen zusammen den Hang hinunter, zurück zur Hauptstraße, vorbei an der Einsatzleitung, bis zu der Stelle, wo ich aus dem Bus gesprungen bin. Hoffentlich ist er nicht schon vorbeigefahren und macht seine nächste Runde... „Wo ist der Bus?" - „Er muß bald kommen, von dort, warte nur..." Wir warten. Und dann kommt der Bus. Der Fahrer sieht mich und erkennt mich. Wir springen auf. Die Menschen im Bus sind überglücklich. Der junge Mann, der mit mir gekommen ist, zeigt nun dem Fahrer den Weg, und nach einer kurzen Fahrt sind wir angekommen. „Ini rumah Darwisch", sage ich im Stillen zu den Leuten, die nun einer nach dem anderen aus dem Bus klettern, Wörter, die ich wohl nicht mehr vergessen werde.

Die Busfahrt im Kreis blieb das Gespräch des Tages und der nächsten Tage. Jeder der „Verschollenen" erzählte denen, die schon angekommen waren, was geschehen war, und wie Ahmad sie „gerettet" hatte. Ohne Ahmad, hieß es, wären sie nicht angekommen. Selbst diejenigen sahen nun in ihm ihren wahren Bruder im Islam, die ihn vielleicht gestern noch mit etwas Mißtrauen betrachtet hatten - schließlich war er ein „orang putih", ein weißer Mensch, und da kann man doch nie genau wissen...

Aber Ahmad wußte es besser. Er hatte niemanden „gerettet". Nur Allah konnte helfen, und Allah hatte geholfen. Denn - wäre da nicht der Ausflug am Dienstag gewesen, und hätte da der Hinweis „ini rumah Darwisch" gefehlt, und hätte Ahmad da nicht hingesehen, und... und... und... , dann wäre der Bus - mit Ahmad - am Ende vielleicht so lange im Kreis gefahren, bis ihm der Treibstoff ausgegangen wäre, und wie es dann hätte weitergehen können, weiß doch kein Mensch und kann sich keiner vorstellen. Aber es war nicht so, sondern Allah hatte geholfen, al-hamdu li-llah.

Dies war das schönste der Erlebnisse während meiner ersten Wallfahrt nach Mekka. Ob Allah diese Wallfahrt angenommen hat, wie könnte ich das wissen? Aber ich spürte damals und spüre es noch heute, daß Allah mich an diesem Tag in Mina gesegnet hat, indem Er mich, mit nichts am Leibe als zwei weißen Tüchern, allein inmitten einer endlos weit reichenden Menschenmenge, dazu brachte, meine Aufgabe zu erfüllen, meinen Sinn zu haben, meinen Brüdern und Schwestern, die gekommen waren, um Seinetwillen die Wallfahrt zu verrichten, ein nützlicher Weggefährte zu sein. Dafür war und bin ich dankbar, subhana llah, Gott sei gepriesen.

Abrahams Prüfung

„Dort drüben!" Die ausgestreckte Hand wies auf die Felsenberge, die das Tal von Mina säumen. Dunkel, fast schwarz, hart und unbarmherzig ragen sie empor. Am Fuß sind sie mit weißen Flecken gesäumt - die zahllosen Zelte, die das sonst fast menschenleere Dörfchen Mina in den Tagen der Wallfahrt zur Millionenstadt anschwellen lassen. Auf jeder nur halbwegs ebenen Fläche sind sie in Haufen errichtet, dicht aneinandergedrängt, jeden freien Platz nutzend. In den kleinen Seitentälern der Berghänge klimmen sie wie rankende Pflanzen noch weiter nach oben. Erst wenn der Blick die Abhänge noch höher hinaufsteigt, werden sie weniger. Dann folgt der steile, unbegehbare, schroffe Fels bis zu den Gipfeln, hinter denen der hitzeflimmernde bläulich-weiße Himmel steht. „Dort drüben war es, wo Ibrahim seinen Sohn..."

Ich stehe auf der anderen Seite des Tales von Mina und blicke hinüber. Dort drüben waren die beiden den Felshang hinaufgestiegen, Abraham und sein Sohn. Diese Geschichte war mir von Kind an vertraut. Nun befand ich mich dort, wo sie geschah. Sicher waren sie bedächtigen Schrittes gegangen, auf steilem Pfad, wohl schweigend, vorn der Vater, hinter ihm der Sohn. Was ging ihnen da durch den Sinn, was verspürten sie da im Herzen, auf dem Weg zum Gipfel des Gottgehorsams? Bei jedem Schritt hätten sie doch umkehren können. Bei einem Blick nach hinten hätten sie den Weg zurück gesehen, dort unten das Tal, aus dem sie gekommen waren, der Weg zurück zum Haus, in dem sie lebten. Leben dort unten, hier oben der Tod. Die Prüfung Ibrahims. Wie weit würde seine Bindung an seinen Herrgott reichen? Wie tragfähig würde sie sein, die Liebe zu Gott? Was würde er bereit sein um Gottes willen zu tun?

Nicht das eigene Leben sollte er geben, das hätte er gern getan. Nein, das Leben des lang ersehnten durch Gottes Wunder dann doch geborenen, am Leben gebliebenen und nun herangewachsenen einzigen Sohnes, das Leben der einzigen Hoffnung, des einzigen Helfers. „Mein lieber Sohn", hatte der Vater zu ihm gesagt, „ich habe im Traum gesehen, daß ich Dich schlachte, also schau, was Du darin siehst." Und der Sohn antwortete dem Vater: „Mein Vater, tu, was Dir befohlen ist..."

Es war Ibrahims Prüfung, aber zugleich die seines Sohnes. Denn der Sohn hätte sich ebenso entziehen können, den Traum anders deuten, sich heimlich entfernen, auch jetzt noch bei jedem Schritt umkehren, weglaufen, zurück ins Tal, zurück ins Leben. Doch er folgt dem Vater und gehorcht ihrem Herrn. Dort drüben, auf der anderen Seite des Tales, haben sie dann auf einer Anhöhe Halt gemacht. Ich weiß nicht, wo und wie es wirklich war, aber ich denke, sie haben dort gebetet. Vielleicht haben sie noch einmal schweigend über das Tal geblickt, aus dem sie gekommen waren, das Leben, das sie verlebten. Dann haben sie Abschied genommen, sich in die Augen gesehen, aus denen Tränen tropften, dann einander ganz fest in die Arme geschlossen, das Atmen gespürt, den Herzschlag, der klopfte: Noch einmal vor dem letzten Mal, noch einmal vor dem letzten Mal, noch einmal vor dem letzten Mal... Und dann geschieht es, dort drüben, auf der anderen Seite des Tales. Der Vater beugt sich nach vorn, das Messer in der rechten Hand, die linke auf dem Nacken des Sohnes, der am Boden liegt wie ein Tier, das geschlachtet wird. Ringsum ist alles erstarrt. Kein Lufthauch regt sich. Totenstill stehen die Felsenberge. Keine Menschenseele, die hilft, die beisteht, die tröstet, die rettet, die wenigstens da ist. Allein, allein mit dem Leben und dem Tod. Allein mit Gott und sich selbst. Gehorchen, Gott gehorchen! Nur Ihm allein, nur Gott gehorchen. Es gibt keinen Gott, dem da gehorcht wird, außer Ihm, dem einen einzigen wahren wirklichen Gott. Es gibt keinen Gott außer Ihm, Allah, dem so Gütigen, dem so Barmherzigen. Er, der auf den Ruf des Bittenden antwortet, Er, der dem Menschen näher ist als seine Halsschlagader, Er, der Herr ist über Leben und Tod, Er, den nicht das Blut des Opfertieres erreicht, sondern die Gottesfurcht, Er hat gerufen, dort drüben, auf der anderen Seite des Tales: „Ibrahim! Du hast den Traum schon erfüllt!"

Gottgehorsam, Hingabe an Gott, Ergebung in Gottes Willen, das heißt Islam, und es bedeutet Leben, Leben und nicht Tod. „Du hast den Traum schon erfüllt", das bedeutet auch: Gott will kein Menschenopfer, Gott braucht kein Menschenopfer, Gott nimmt kein Menschenopfer. Ich weiß nicht genau, wo und wie es wirklich war, aber ich denke, alles fing an zu leben und sich zu regen. Selbst die Felsenberge haben vielleicht vor Dankbarkeit und Freude gebebt. Und Vater und Sohn haben sich in die Augen gesehen, vor Freude geweint, sich lange und fest umarmt, das Atmen wieder gespürt und den Herzschlag, der klopft: Noch einmal vor dem letzten Mal, und ich denke, sie haben dort wieder gebetet und Gott gedankt und Ihn gelobt und Ihn gepriesen und haben hinab geschaut über das Tal und über das Leben, zu dem sie dann zurückgekehrt sind. Und was mag ihnen da wohl im Sinn gewesen sein, als sie den steilen Pfad herabstiegen, und was hat da wohl ihre Herzen bewegt? Dort drüben war es, auf der anderen Seite des Tales. Dort drüben. Und hier stehe ich, in all meinen kleinlichen Wünschen und Vorstellungen verfangen, hier stehe ich...

Das Steinigen

Unter der heißen Sonne auf den erhitzten Steinen und Felsen dörrte in der trockenen Luft das Fleisch. Es war in dünne längliche Streifen geschnitten und jeder dafür brauchbare Fleck damit belegt. In kurzer Zeit wurde so das Fleisch der Opfertiere haltbar gemacht. Das Schlachten eines Opfertieres geschieht in Erinnerung an Ibrahim und seinen Sohn. So, wie sie auf Gottes Geheiß ein Opfertier geschlachtet haben, tun das alljährlich die Wallfahrer im Tal von Mina und auch die daheim gebliebenen Muslime am Tag des Opferfestes, dem 10. Tag des Monats der Wallfahrt. Man schlachtet ein Schaf oder eine Ziege. Sieben Personen können auch ein Kamel oder eine Kuh unter sich aufteilen. Das Fleisch der Opfertiere wird verteilt. Ein Drittel bekommen die Armen und Bedürftigen, für die es eine wirkliche Hilfe und eine besondere Freude am Festtag darstellt. Ein weiteres Drittel geht an die Nachbarn und Bekannten. Geschenke erhalten die Freundschaft. Das letzte Drittel schließlich bleibt für den eigenen Bedarf, die eigene Familie. Ein Festmahl wird bereitet und hier, am Ort der Wallfahrt, wird das Fleisch auch noch als Reiseproviant verwendet und deshalb auf althergebrachte Weise konserviert - durch Dörren an der Sonne. Von daher heißen die drei Tage, die der Wallfahrer nach dem Tag von Arafat im Tal von Mina verbringt, „ajjamu-t-taschriq", Tage des Fleischdörrens.

Jeden Tag gehe ich den engen Weg hinab, vorbei an Felsvorsprüngen und Mauern, auf denen die Fleischstreifen trocknen. In der Tasche trage ich die kleinen Steinchen, die ich in der Nacht in Musdalifa aufgesammelt hatte. Ich tauche ein in die Menschenmenge auf der Straße, die durch das Tal von Mina führt. Noch immer schieben sich zwischen den Wallfahrern die Fahrzeuge, in mehreren Reihen nebeneinander durch den engen Schlauch zwischen den Häusern. Es ist ein ständiges Hin und Her. Viele der Wallfahrer kommen noch immer von Musdalifa und tragen die weißen Pilgertücher. Manche schützen sich mit schwarzen Regenschirmen vor der stechenden Sonne. Sie gehen wie ich, um den Teufel zu steinigen, oder sie kommen davon zurück. Drei Stellen gibt es dafür in diesem Tal von Mina, jede ein paar hundert Meter von der anderen entfernt. Dort stauen und drängen sich die Menschenmassen. Eine aus groben Steinen aufgeschichtete Säule ragt zur Kennzeichnung empor. Um sie herum wie ein Brunnentrog ein rundes gemauertes Becken. Doch statt Wasser ist es mit Steinen angefüllt, und immer mehr kommen hinzu. Dicht wie Tropfen prasseln sie in das

Becken, denn ständig bewerfen die Wallfahrer hier den Teufel mit Steinen. Die große Säule ragt über die Köpfe der Menschenmenge hinaus und ist schon von weitem erkennbar. Mit jedem Schritt wird das Gedränge dichter. Alle wollen zu dieser Stelle, andere schieben sich schon wieder zurück. Mir schießt die Frage durch den Kopf: Wäre es nicht möglich, das irgendwie so zu regeln, daß jeder, ohne den anderen zu behindern, zum Zuge kommt? Aber das Gerangel und Gedränge läßt mir gar keine Zeit, weiter darüber nachzudenken. Ich muß mich nun darauf konzentrieren, daß ich selbst nicht abgedrängt werde. Und ich will mich bemühen, möglichst niemanden zu stoßen und zu schieben, obwohl ich selbst, von allen Seiten eingeschlossen, ein Teil des Menschenstromes bin. Und irgendwie schiebt es mich dann so weit nach vorn, daß ich mich plötzlich zwischen lauter Menschen mit nach vorn gestreckten Armen befinde. Sie werfen ihre Steine in die Richtung der Säule. Sie rufen bei jedem Wurf „Allahu akbar, Gott ist größer", und sie werfen mit völliger innerer und äußerer Beteiligung. Hier geht es darum, dem Teufel entgegenzutreten, das Böse abzuwehren, es mit Steinwürfen zu vertreiben, Gott ist größer…

Ibrahim war auf dem Weg, den Sohn zu opfern, und der Teufel, der Versucher, trat ihm entgegen, um ihn davon abzubringen. Nicht Gott solle Ibrahim gehorchen, sondern der Vaterliebe, der Liebe zum eigenen Sohn, der Liebe zu sich selbst, der Eigenliebe. Das ist sie, die große Versuchung, die jedem Menschen gegenübertritt, wenn er nach Gottes Willen fragt. Da stellt sich dann der eigene Wille in den Weg. Soll Gottes Wille geschehen oder der des Menschen, der eigene Wille? Soll Gottes Wunsch erfüllt werden oder der Wunsch des eigenen Ichs? Ibrahim wehrte den Versucher ab, der ihm drei Mal entgegentrat. Er rief ihm zu: „Allahu akbar, Gott ist größer!", und er vertrieb ihn mit Steinen. Und die Wallfahrer tun es ihm gleich. Niemand und nichts ist größer als Gott. Niemandem und keinem wird gehorcht außer Gott. Und wenn du dich mir in den Weg stellst, vertreibe ich dich, mit Steinen! Auch ich muß mich wehren, besonders jetzt, wo ich von diesen Dingen manches ahne. Wie oft habe ich nach meinen eigenen Wünschen gehandelt und Gottes Wünsche nicht erkannt? Und wie oft habe ich, obwohl ich Gottes Willen kannte, doch meinen eigenen Willen dagegengesetzt? Und wie wenig habe ich die Eigenliebe bekämpft? Und wie soll ich, wo ich so war und bin, in Zukunft anders handeln? Wer hilft mir? Ich will dem Bösen entgegentreten. Helfen kann dabei nur Gott.

Darum, „In Gottes Namen, bismi-llah" beginne ich nun mit dem Steinigen. Ich nehme den ersten erbsengroßen Stein in die rechte Hand, ich werfe ihn auf die Säule und sage dabei „Allahu akbar, Gott ist größer". Ich werfe sieben solche Steine, und vor mir und hinter mir und rechts und links von mir stehen hunderte von Menschen und tun dasselbe. Wir treten dem Bösen entgegen, wir wehren es ab. Unsere Hände sind angesichts des Bösen nicht still gefaltet in leidensbereiter Ergebung, nicht bloß zur erhobenen Faust geballt in ohnmächtigem Zorn. Nein, unsere Hände sind in Bewegung, werfen. Wir kämpfen gegen das Böse, und sei es mit einfachsten Waffen, mit Steinen, die am Boden liegen, aber wir kämpfen! Und so, wie wir es hier in Mina tun, soll es auch in unserem weiteren Leben sein: Kein Hinnehmen mehr des Bösen, auch kein bloßes Drohen und Schimpfen dagegen, sondern aktiver Kampf dagegen und Abwehren der Ungerechtigkeit und Unterdrückung aller Art und in jeder Form. „Allahu akbar, Gott ist größer", sieben Mal, für immer…

So werden 70 Steine geworfen oder 49. Am Tag des Opferfestes, noch vor dem Opfer, wirft man sieben Steine an der größten der drei Säulen, an den folgenden drei oder wenigstens zwei Tagen jeweils sieben an jeder der drei Säulen. Dann sollte man gewappnet sein. Ich bin vom ersten, Steinewerfen zurückgekehrt, froh und dankbar, daß es mir gelungen war, das Erforderliche zu tun.

Der Große Steinigungsplatz in Mina

Auch am nächsten und übernächsten Tag bin ich in Mina geblieben und habe, wie es sich gehört, alle drei Stellen aufgesucht. Ein Tier habe ich nicht geopfert, weil ich, wie viele andere Wallfahrer auch, der Ansicht war, das wäre hier verschwendet. Wenn über eine Millionen Pilger jeder ein Tier schlachten würden, könnte man all das Fleisch unmöglich so verwenden, wie die Religion es vorsieht. Es würde also viel verderben, und viele Tiere würden vergebens geschlachtet. Ein

Schaf kostete damals zwischen 60 und 100 Rijal, ein Kamel zwischen 200 und 400 Rijal, und tatsächlich wurden wohl 800 000 bis 1 000 000 Tiere geopfert. Ich hatte darum schon vorher beschlossen, statt des Schlachtopfers zu fasten, wie ich das im Koran gelesen hatte: Drei Tage während der Wallfahrt und sieben nach der Heimkehr, zehn Tage insgesamt. Das erschien mir eine sinnvollere Sache als das bloße Abschlachten eines Tieres, dessen Fleisch zu verteilen mir bei dem Überfluß an frisch geschlachtetem Fleisch unmöglich vorkam. Aber ich ließ mir die Haare kürzen und legte danach, wie es Brauch ist, nun das weiße Pilgergewand wieder ab, das ich seit dem Aufbruch aus Mekka ununterbrochen getragen hatte.

Das Ende der Wallfahrt

Mein Abschied von Mina erfolgte am 12. Tag des Monats der Wallfahrt, gegen Mittag. Auch jetzt staute sich der Verkehr, doch nicht vergleichbar mit dem Aufbruch der Wallfahrer von Arafat. Diesmal saß ich auf der Ladefläche eines kleinen Lieferwagens, die von einer Plane bedeckt und hinten offen war. Das Tempo war nur mäßig. So konnte ich noch lange auf das Tal von Mina schauen, das ich nun hinter mir ließ, die aufragenden, spitzgipfligen Felsenberge, die wenigen weißgetünchten Häuser rechts und links der Straße im Tal, die zahllosen Zelte überall, die vielen Menschen, die zu Fuß nach Mekka gingen, die vielen Fahrzeuge auf der Straße. Bald schlossen sich rechts und links die ersten Häuser der Vororte von Mekka an. Neben mir saß Anis, in der Hand die Steinchen, die ihm übriggeblieben waren, weil er zur Sicherheit doch mehr als die 49 erforderlichen aufgesammelt hatte. Mit ernster Miene nahm er ein Steinchen, hielt es kurz vor den Mund, flüsterte etwas und warf es dann aus dem fahrenden Wagen auf die staubige Straße. Ein ungewöhnlicher Anblick, aber ich habe nie gefragt, was er da wirklich getan hat. Und selber habe ich ein paar Steinchen, die mir übriggeblieben waren, zum Andenken aufgehoben. Von unterschiedlichen Meinungen darüber habe ich erst später erfahren.

In Mekka angekommen beendete ich nach kurzem Zwischenaufenthalt im Quartier die Wallfahrt, indem ich am frühen Nachmittag erneut die Kaaba sieben Mal umschritt und schließlich sieben Mal die Strecke zwischen den Hügeln Safa und Marwa entlanglief. Mit diesem letzten „tawaf" und „sa'i" war die Wallfahrt vollzogen, alhamdu li-llah. Wie ein neugeborenes Kind ist man, wenn Allah die Wallfahrt angenommen hat, sagte der Prophet, wieder schuldlos, rein von Sünden. Das braucht wohl jeder Mensch, und ich, ich hatte das bitter nötig. Doch vor dem Neugeborenen liegt das Leben, und auch mein neues Leben lag vor mir. Man bleibt nicht so, wenn man zurückkehrt von der Wallfahrt, auch wenn man gerade neu geboren ist. Man wächst heran, und macht sich dabei schmutzig. Man lernt zu gehen, dabei fällt man. Man lernt zu sprechen, dabei verspricht man sich. Man lernt verstehen, dabei mißversteht man. Man lernt zu handeln, dabei fehlt man. Man muß sich reinhalten selbst als heranwachsender, ja als erwachsener Mensch. All das liegt vor jedem Neugeborenen, all das lag auch vor mir...

O Allah, mache es zu einer angenommenen Wallfahrt und einer gedankten Anstrengung und einer Sündenvergebung und einer wohlgefälligen guten Tat.

Doch dann ergab sich an meinem letzten Tag in Mekka noch einmal die Möglichkeit, zu helfen. Simah Abdullah litt unter Schmerzen am Fuß, vielleicht eine Zerrung. Dies hatte sie schon bald nach der Ankunft in Mekka und insbesondere während der Wallfahrt behindert. Aus Mina zurückgekehrt, konnte sie nicht mehr laufen. Schon einmal, bei ihrem letztjährigen Besuch in Mekka, war es ihr ebenfalls aus gesundheitlichen Gründen, nicht möglich gewesen, die Wallfahrt zu beenden, wie es vorgesehen ist. Nun war sie ganz besonders traurig. Mit Gottes Hilfe konnte ich ihr etwas Gutes tun. Nachdem ich meine Wallfahrt beendet hatte, besorgte ich in einer kleinen Apotheke in der Nähe des Suq al-lail eine Salbe, die ich für solche Zwecke kannte, und eine Binde. So wurde der Knöchel noch am Nachmittag behandelt. Ob nun die Salbe, das Massieren und das anschliessende Ruhigstellen des Fußes allein so gut wirkten, oder ob auch noch die Beruhigung dadurch hinzukam, daß ich mich kümmerte und so auch wieder Hoffnung entstand, ich weiß es nicht. Auf jeden Fall konnte, mit Allahs Hilfe, nach Einbruch der Dunkelheit der Gang zur Kaaba unternommen werden, und auf mich gestützt vollzog nun Simah Abdullah doch noch mit langsamen Schritten „tawaf" und „sa'i" und beendete so ihre Wallfahrt, al-hamdu li-llah, und so umschritt ich also noch einmal die Kaaba und lief nochmals die Wegstrecke zwischen den beiden Hügeln ab. Dies alles geschah in der letzten Nacht, die ich in Mekka verbrachte. Am folgenden Tag schon brach ich auf.

Die Abreise

Vor der Abreise soll man Zamzam-Wasser trinken, die Türschwelle der Kaaba küssen und die Stoffdecke der Kaaba festhalten, während man Allah um Vergebung bittet. Dann verläßt man die Heilige Moschee..."
(Aus meinen Aufzeichnungen)

Zum letzten Mal betete ich das Morgengebet in der Heiligen Moschee, zum letzten Mal besuchte ich am späten Vormittag die Kaaba und vollzog die „Abschiedsumschreitung", ging sieben Mal um das altehrwürdige Haus herum. Es schien mir, daß ich einen Ort verließ, an dem ich nicht bloß ein paar Tage, sondern lange, sehr lange gewesen war. Wasser von der Quelle Zamzam trank ich noch einmal und nahm ich mit. Ich füllte es in den kleinen Kanister aus Singapur, dazu auch in vier feste Plastiktüten, die ich zuband und in einer Tragetasche verstaute. Noch mehrere Jahre hat dieser Vorrat gereicht, um in der Fastenzeit am Abend mit einem Schluck des Wassers dieser Quelle das Fasten zu brechen oder bei einem Fieber davon zu trinken. Das Sonderbare war, daß dieses Wasser nicht verdarb.

Vor meiner Abreise erhielt ich noch ein Schreiben von Ibrahim, datiert am 14. 12. 1390, mit dem er bestätigte, daß ich dazu berufen sei, für Muslime aus Deutschland die Wallfahrt zu organisieren. Doch mir stand der Sinn nicht nach einer solchen Unternehmung, und so konnte aus mir auch nicht der erste deutsche „Pilgerführer" für Mekkafahrer werden.

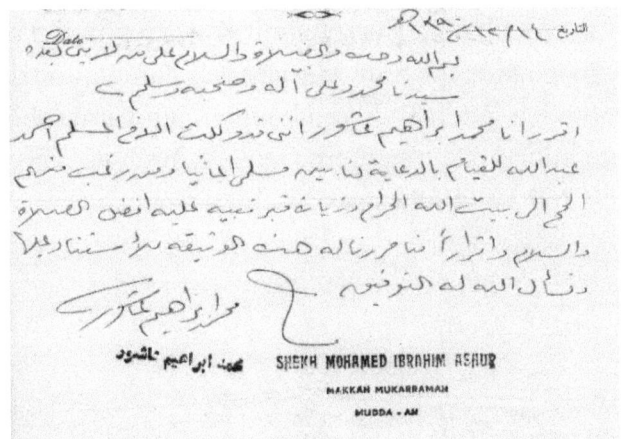

Mohamed Ibrahim Aschur bestätigt Ahmad Abdullah
als Beauftragten unter Deutschlands Muslimen für
die Wallfahrt zum Hause Allahs und den Besuch
des Grabes Seines Propheten...

Meine Sachen hatte ich schon gepackt. Was ich sonst noch aus Mekka mitnahm war nicht besonders viel: Außer der Kleidung einen kleinen Koran, ein paar einfache Kalligrafien im Postkartenformat, schwarz auf hellblauem Kunststoff, dazu ein Satz Ansichtskarten aus den „Mirza Stores Mecca-Jeddah", drei etwas größere Farbaufnahmen - die Kaaba bei Tage, die Kaaba in der Nacht, die Moschee von Madina - und einen japanischen Kassettenrecorder, die damals gerade aufkamen und in Mekka recht preiswert zu erstehen waren. Ich hatte ihn vor allem deshalb gekauft, weil ich mir, von den Koranlesern in der Moschee beeindruckt, auch eine Kassette mit Koranrezitation erworben hatte, die Sure Mariam war darauf, und die wollte ich jederzeit hören können. Ich verabschiedete mich also, trug mein Gepäck durch die Gasse zum Auto und fuhr nach Dschidda.

Am Flughafen

Den Abend, die Nacht und den nächsten Vormittag verbrachte ich auf dem Flughafen Dschidda. In einem langgestreckten, flachen, braunen Gebäude waren dort auf zwei Etagen alle möglichen Büros und Ämter untergebracht, in denen man sich bemühte, nun die vielen Pilger wieder außer Landes zu bringen. Darwisch hatte auch damit zu tun und war sehr beschäftigt, so daß ich nur wenig von ihm sah. Ich wurde in einem von mehreren Zimmern untergebracht, in dem einige Bettgestelle standen, auf denen man sich ausruhen konnte. Ein Ventilator an der Decke rührte in der heißen Luft.

Von draußen drang immer wieder Autohupen, Motorengeräusch und das Stimmengewirr der Straße herauf. Aus dem Fenster sah man unten verschiedene Buden und etwas weiter entfernt zwischen dem staubigen Grün eines Rasens und kleinen Bäumen in der Abenddämmerung ein von bunten Neonröhren erleuchtetes Restaurant, aus dessen Lautsprechern arabische Musikfetzen den Lärm des Flughafenbetriebs übertönten. Dort war Tag und Nacht Betrieb. Anderswo, dachte ich, wäre das sicher eine Kneipe mit Alkoholausschank und all den damit verknüpften üblen Begleiterscheinungen, aber hier gab es keine berauschenden Getränke, keine schwankenden, lallelnden, übelriechenden, sich übergebenden Menschen und was man sonst noch alles in Kneipen an Verkehrsknotenpunkten zu sehen bekommt. Und trotzdem konnten die Besucher des Restaurants sich wohl fühlen und sich, wenn sie wollten, sogar die Nacht um die Ohren schlagen…

Mit mir im Raum befand sich eine muslimische Großfamilie aus Südafrika, die ebenfalls auf ihren Rückflug wartete. Der alte Vater war in wirklich schlechter Verfassung, der Sohn beunruhigt. In seiner Sorge sprach er mich an. Man brauche einen Arzt. Natürlich, wenn Allah nicht wolle, daß der Vater nach Hause zurückkehre, so könne niemand etwas tun. Aber warum der Arzt nicht käme, um den man gebeten hätte, das verstehe er nicht. Man könne den Vater doch nicht einfach so liegen lassen, ohne wenigstens zu versuchen zu helfen.

Ich bin kein Arzt, ich kann nichts tun, wollte ich sagen, aber dann konnte ich doch noch einen kleinen Dienst erweisen. Ich werde versuchen, einen Arzt zu besorgen, erklärte ich, und machte mich auf den Weg. Ich suchte, fragte mich durch, entlang der schmalen Gänge mit den vielen Büros in denen überall Menschen saßen und standen, redeten, telefonierten, schrieben, sich unterhielten. Irgendwann irgendwo kam ich dann in den richtigen Raum und erklärte, daß oben in einem der Ruheräume dringend ein Arzt benötigt würde. Ein freundlicher junger Mann versprach, daß er in Kürze kommen werde. Ich machte mich auf den Rückweg, und wenig später war auch der Arzt tatsächlich da. Die Angehörigen des Kranken waren dankbar und erleichtert. Sie meinten, es mir zuschreiben zu müssen, daß der Arzt gekommen sei. Zwar hat er dem Kranken nicht viel helfen können, Ruhe angeordnet, ein Medikament gegeben, aber all das war es ja, was zuvor gefehlt hatte. Ob der Vater noch am Leben sein würde, wenn sie in Südafrika angekommen waren, das lag ohnehin in Allahs Hand.

Die Stunden der Nacht vergingen in ermüdendem Halbwachsein auf dem Bettgestell. Das Klima der Hafenstadt Dschidda am Roten Meer war ganz anders als im Talkessel Mekkas, die Luft drückend schwül, auch in der Nacht. Wer weiß schon, ob er am kommenden Tag wieder aufwacht? Wird der alte Mann am Morgen noch am Leben sein? Und ich? Ich bin gesund, das stimmt, aber weiß ich denn, wie lange mein Leben dauern soll? Und was ist es wert, das Leben, das hinter mir liegt? Und wie wird es sein, was auf mich zukommt? Was habe ich zu tun? Werde ich es schaffen können? Gedanken, Erinnerungen, Fragen kreisen wie der Ventilator an der Decke, der müde

und vergeblich gegen den Hitzestau im Raum an-
kämpft. Dann schlafe ich und schlafe weiter, als
ich am nächsten Tag im Flugzeug sitze, zuvor ermattet und erschöpft den Koffer aufgegeben habe,
den Paß noch stempeln ließ „als Wallfahrer ausge-
reist am 15.12.1390", und dann die Treppe der
Gangway hinauf in die nur wenig besetzte Maschine stieg. Von Dschidda nach Deutschland flo-
gen damals gewöhnlich keine Pilger, und die Ge-
schäftsleute hatten in der Zeit der Wallfahrt ja
auch nichts zu tun. Um 13:45 Uhr hob die Maschine ab. Bald war der Steigflug beendet und die
Reisehöhe erreicht. Monoton das gedämpfte Surren der Turbinen, das leichte Vibrieren des Flugzeugs. Einschlafen. Schlafen. Schlafen wie ein
neugeborenes Kind, das, wenn es sich satt getrunken hat, ganz zufrieden ist, das wirklich nichts
mehr braucht und deshalb einschläft. Beruhigt, erschöpft. Getragen, versorgt, ergeben. Am Ende
der Reise, der Reise zum Haus des Herrn...

Aufgewacht. Unruhig schüttelnd taucht die Maschine in das Wolkenmeer, von dem im Dunkel
der Nacht nur schemenhafte Fetzen im Blinklicht
an der Tragfläche vorbeirauschen. Mit routinier-
ten Worten weist die Lautsprecheransage auf die
bevorstehende Landung in Frankfurt hin, „Das
Rauchen einstellen, die Sitzgurte anschnallen, die

Tische hochklappen, Lufthansa hofft, Sie bald wieder an Bord begrüßen zu dürfen, Transitpassagiere..." Nein, nicht ich, ich würde ankommen. Rumpelnd setzen die Räder auf der Landebahn auf, dann mit leichtem Senken der Maschine noch das Bugrad. 17. Februar 1971. Gelandet, Frankfurt, Rhein-Main-Flughafen. Eine Reise war zu Ende gegangen, die Reise zum Haus des Herrn, meine erste Mekkafahrt. Ein neues Leben beginnt, ein Leben als Knecht des Herrn, mein Leben als Muslim in Deutschland...

Detail der „kiswa" (Sure 112)

Was ich herausgefunden habe?

17.3.71 Was ich herausgefunden habe? Die Folge der religiösen Erfahrung ist eine furchterweckende Veränderung im Bau der eigenen Persönlichkeit, mit den Risiken von Chaos, Versagen, Aufgeben. Die religiöse Erfahrung macht dich nicht zum Heiligen, im Gegenteil, jetzt erkennst du erst, wie du überall versagst, weil der Filter der Unwissenheit nicht mehr wirksam ist. Die religiöse Erfahrung ernstnehmen, heißt nicht das Paradies zu kosten, im Gegenteil, du gerätst nur noch öfter in Konflikte, solche persönlicher, solche gesellschaftlicher Natur - Nationalität, Heimat, Freunde, Familie, Studium, Wehrpflicht, Gesellschaft, Leben in deinem Land. Du verlierst nur vieles, vieles Wesentliches, vor allem aber das Gefühl der Sicherheit, das du hattest, weil du auf dich selbst vertraut hast. Nun mußt du auf den Allmächtigen vertrauen.

(Aus meinen Aufzeichnungen)

Zeittafel
„Al-hadsch al-akbar, die Große Wallfahrt"
1390/1971

Di 16.10.1390/15.12.1970 Wallfahrtsvisum in
Singapur erhalten
Fr 25.11.1390/22.1.1971 Abflug von Singapur,
Zwischenlandung in Bombay
Sa 26.11.1390/23.1.1971 Ankunft Dschidda
03:00 Uhr, nachmittags Mekka, ‘umra
So 27.11.1390/24.1.1971 Mekka
Mo 28.11.1390/25.1.1971 Mekka
Di 29.11.1390/26.1.1971 Dschidda, Gericht
Mi 30.11.1390/27.1.1971 Mekka
Do 01.12.1390/28.1.1971 Mekka
Fr 02.12.1390/29.1.1971 Mekka, Freitagsgebet
Sa 03.12.1390/30.1.1971 Mekka
So 04.12.1390/31.1.1971 Mekka, Berg Abu Qubais
Mo 05.12.1390/01.2.1971 Mekka,
Moschee nun auch nachts sehr voll
Di 06.12.1390/02.2.1971 Mekka,
Fahrt nach Mina und Arafat
Mi 07.12.1390/03.2.1971 Mekka

Do 08.12.1390/04.2.1971 Mekka, hadsch
beginnt, spätnachmittags Arafat
Fr 09.12.1390/05.2.1971 Arafat
Sa 10.12.1390/06.2.1971 Bus-Irrfahrt, Mina,
Opferfest
So 11.12.1390/07.2.1971 Mina
Mo 12.12.1390/08.2.1971 Mina, Mekka,
tawaf und sa'i, Wallfahrt beendet
Di 13.12.1390/09.2.1971 Mekka
Mi 14.12.1390/10.2.1971 Mekka, letzter tawaf,
Fahrt nach Dschidda
Do 15.12.1390/11.2.1971 Abflug
Dschidda 13:45 Uhr nach Frankfurt